DE

L'ORGANISATION

D'UN ÉTAT MONARCHIQUE,

DE
L'ORGANISATION
D'UN ÉTAT MONARCHIQUE ;

OU

CONSIDÉRATIONS *sur les vices de la Monarchie Françoise, & sur la nécessité de lui donner une Constitution.*

1789.

DE
L'ORGANISATION
D'UN ÉTAT MONARCHIQUE,
OU

Considérations sur les vices de la Monarchie Françoise, & sur la nécessité de lui donner une Constitution.

S'il existoit encore sur la terre une Contrée libre, & vuide d'habitans, où, des quatre Parties du monde, les victimes des Gouvernemens oppresseurs pussent se rassembler, & dresser un pacte social, rien n'empêcheroit que ces malheureux fugitifs se donnassent la meilleure Constitution possible : la connoissance des erreurs politiques dont ils auroient eu long-temps à souffrir, la confra-

A

ternité d'infortune , tout fembleroit les inviter à n'apporter qu'un même efprit, & un même intérêt à l'acte fédératif de leur union : en un mot, s'ils n'établiffoient point les meilleures loix , ils auroient du moins pour eux toutes les données qui peuvent contribuer au bienfait de la plus heureuse Légiflati on.

Il n'en eft pas de même d'une Nation vieillie dans les abus , qui , pendant une longue fuite de fiécles & de dynafties , n'a ceffé de paffer du Defpotifme à l'Anarchie , & de l'Anarchie au Defpotifme ; qui , par une fingularité plus bizarre encore, a fouvent offert, à la fois , le fpectacle monftrueux de ces deux vices réunis : Nation dont l'exiftence eft un vrai phénoméne qu'on ne peut expliquer qu'en difant que des Efclaves ont befoin d'un maître , & qu'un Maître a befoin d'Efclaves : fi, dans un pareil Gouvernement , le Defpotifme , épuifé par fes propres excès, fe voit réduit à la néceffité de fe réformer lui-même, c'eft envain qu'il préfente au Peuple l'occafion de fecouer le joug , de reprendre l'exer-cice de fes droits; tous les cœurs fe trouvent fans Patriotifme , & par con-féquent , fans vertu. Tout en difant qu'on eft prêt à faire les plus grands fa-crifices au bien Public , on ne fonge qu'à conferver des Priviléges abfurdes & inhumains : on tremble d'être forcé de devenir Citoyen, comme, dans une République , on craint de devenir Efclave. Les plus miférables préjugés plaident contre l'évidence des Prin-cipes l'orgueil & la baffeffe né fongent qu'à faire avorter toute efpéce de fentiment généreux ; &, dans un moment où l'on auroit befoin des affections les plus pures & les plus expenfives , toutes les âmes fe trouvent garotées des chaînes de l'intérêt perfonnel.

Que peut-on attendre de pareilles difpofitions ? Comment fe livrer à l'efpoir confolant d'une régénération prochaine, ou plutôt d'un meilleur ordre de chofes ? Il eft permis, fans doute, à l'homme qui penfe & qui réfléchit, de ne pas partager la confiance de quelques efprits crédules, de n'entrevoir, après une longue fuite de calamités, que des calamités plus grandes encore ; mais cette crainte ne doit pas l'empêcher de s'élever contre les obftacles qui s'oppofent au bonheur Public : il doit les combattre avec toute la force de la Vérité, fans s'informer quelles pourront en être les fuites : c'eft un devoir facré que lui impofent les circonftances, & dont l'inutilité même ne fauroit le difpenfer.

C'eft au moment où l'intérêt par-

ticulier lutte contre l'intérêt général,
où l'on ofe oppofer la prefcription
à des droits inprefcriptibles, où l'on
cherche à légitimer des ufurpations,
en les faifant envifager comme con-
ftitutionelles ; c'eft alors, dis je, qu'il
importe de rappeller au Peuple le
droit naturel des Sociétés civiles, de
lui montrer que des abus, fuffent-ils
même conftitutionels, ne peuvent
jamais former une Conftitution ; qu'il
lui eft toujours libre de les réformer,
euffent-ils pour eux une exiftence de
dix fiécles ; que s'il dédaigne ces vérités utiles, s'il laiffe échapper l'occafion de les mettre à profit, il refte
encore au bon Citoyen la fatisfac-
tion d'avoir réclamé contre la lâcheté
de fes Compatriotes, & de s'être mis,
par fes Proteftations, à l'abri du foup-
çon d'en être le complice.

On ne ceffe de nous parler de
Conftitution : c'eft le mot de rallîment

de tous lés Ordres privilégiés ; c'eſt
avec ce mot qu'ils prétendent nous
fermer la bouche. Menacer leurs Priviléges, c'eſt renverſer la Conſtitution ; comme s'il étoit de l'eſſence
de la Conſtitution Monarchique, qu'il
y eût des Ordres privilégiés ; mais
qu'ils tâchent du moins, d'accorder
toutes ces diſtinctions antiſociales
avec l'idée que nous devons nous
former d'une Monarchie ; qu'ils nous
faſſent voir qu'elles en ſont des parties
tellement intégrantes qu'il eſt impoſſible à la Monarchie d'exiſter ſans
elles : c'eſt, je crois, ce qu'ils n'ont
pas encore fait, & ce qu'il leur ſeroit peut-être difficile d'établir ; il
nous ſera, ſans doute, bien plus aiſé
de leur prouver qu'ils ſont abſolument inconſtitutionels, & que, s'il
eſt vrai que nous ſoyons appellés à
vivre ſous un Gouvernement libre
& Monarchique, ce qui ne nous

eſt pas encore arrivé juſqu'ici, ce ne ſera que lorſqu'ils feront devenus ce qu'ils doivent être, c'eſt-à-dire des Citoyens.

Pour parvenir à cette démonſtration, il faut que nous tâchions de nous former une véritable idée de ce qu'on doit entendre par une Monarchie ; or ce n'eſt ni dans notre Hiſtoire, ni dans celle des différe..s Peuples, que nous devons en chercher les vrais principes (car nous les y chercherions inutilement) mais dans la nature même des choſes, où nous trouverons qu'ils ſe réduiſent à des Elémens très-ſimples, & très-faciles à ſaiſir.

Perſonne ne nous conteſtera, fans doute, que, dans l'ordre de la Nature, les hommes ne naiſſent parfaitement égaux & parfaitement libres ; raſſemblez une aſſez grande quantité de ces individus iſolés, pour en for-

mer une Nation, l'Acte de leur union,
ou le Contrat Social feroit nul, s'il
accordoit aux uns des Priviléges qu'il
refuferoit aux autres, parce que leur
mife eft la même, & qu'en mettant
fon individu, chacun met autant
que fon co-affocié; il feroit donc
abfurde & inique, que l'un eût des
avantages que l'autre n'auroit pas :
d'où il fuit qu'après le Contrat Social, les membres de cette nouvelle
fédération confervent entr'eux toute
l'égalité naturelle; mais, que dis-je?
Ils font bien plus égaux qu'ils ne
ne l'étoient auparavant; car on ne
peut pas fuppofer qu'ils s'uniffent
pour fe détruire ; parconféquent le
foible devient l'égal du fort, dont
il n'a plus à redouter la violence.
Ainfi le but de la Société , loin d'a-
néantir l'égalité naturelle , eft au
contraire de corriger l'imperfection
de cette égalité , & de remédier aux

irconvéniens de l'inégalité phyfique en lui oppofant l'égalité morale.

Le Contrat Social feroit encore nul, fi l'un des affociés étoit forcé de le figner malgré lui ; car il pourroit protefter contre la violence qui lui feroit faite, & ne pas fe croire valablement engagé ; il faut donc le confentement volontaire de tous : ce qui prouve encore bien évidemment que le but de la Société n'eft point d'anéantir la liberté naturelle, puif-qu'un homme eft libre toutes les fois qu'il fuit fa volonté. Quelque dures que foient les loix qu'on fe fait à foi-même, on ne peut pas dire qu'on foit contraint dans l'accom-pliffement de ces mêmes loix. De deux hommes, dont l'un paffe forcé-ment quinze jours dans une prifon, tandis que l'autre les paffe volon-tairement dans fa chambre : de ces deux hommes, l'un eft libre, & l'autre ne l'eſt pas. Cependant ils ſont également renfermés tous les deux pendant le même intervalle.

Ici ſe préſente la même obſervation que j'ai faite, au ſujet de l'égalité : c'eſt que loin de contrarier la liberté naturelle, la Société corrige l'imperfection de cette liberté ; car les nouveaux confédérés ne doivent pas plus avoir l'intention de s'aſſervir, que de ſe détruire. Chacun ſçait donc qu'il ne ſera tenu que de remplir les clauſes du Contrat Social, qu'il a volontairement ſouſcrit, & que, par conſéquent, il n'obéira qu'à ſa propre volonté, tandis que, dans ſon premier état, une ſupériorité de force phyſique pouvoit le ſoumettre à la volonté d'autrui.

L'Homme, en entrant dans la Société, n'a donc pas, comme le prétendent certains Politiques, fait le ſacrifice d'une partie de ſa liberté,

puifqu'il n'a fait, au contraire, qué
la rendre moins précaire & moins
dépendante des circonftances. Ainfi
le premier principe du Droit naturel
des Sociétés civiles , eft que les
hommes y foient égaux & libres : de
quelque manière qu'elles foient or-
ganifées, elles doivent toutes repo-
fer fur cette bâfe fondamentale :
leur droit pofitif ne doit être qué
l'expreffion du Droit naturel. Autré-
ment le Pacte focial eft rompu. Plus
d'ordre, plus d'harmonie : on manque le but & la fin de la Société ;
les Membres qui la compofent ,
n'offrent plus qu'un affemblage d'individus dégradés & avilis, qui ne vivent enfemble que pour fe nuire. Tour-
à-tour oppreffeurs & opprimés, leur
condition eft cent fois pire que celle
qu'ils ont quittée ; mieux vaudroit
encore pour eux, errer dans les bois;
n'avoir à combattre que l'inclémence

des faifons, la férocité des brutes, & les violences paffagères de leurs femblables ; car, comme il eft de la nature des meilleures chofes de devenir les pires de toutes, par l'altération de leurs principes, fi la Société ne fait pas le bonheur de l'Homme, elle doit en faire le défespoir ; & par la même raifon qu'il n'eft pas d'état plus parfait que celui d'une fociété bien ordonnée, il n'en eft pas de plus déplorable que celui d'une Société corrompue.

C'eft fans doute une réflexion que n'avoit pas fait cet homme éloquent & fublime, qui doué d'une fenfibilité profonde, & l'âme toujours exaltée par le fpectacle continuel des calamités fociales, ofa nous préfenter la Société comme la fource unique de nos malheurs. Devoit-il voir le type des affociations humaines, dans les miférables inftitutions qu'il avoit fous les yeux ? Etoit-ce à lui de confondre l'abus de la chofe avec la chofe même, & de nous ôter à jamais l'efpoir d'améliorer notre fort, en ne nous offrant que des remédes impraticables, & dont la Raifon démontre l'inefficacité ? Mais pourquoi blâmer des erreurs qui nous ont éclairés, en redoublant le fentiment de nos infortunes ! Peut-être eft-ce à lui que nous devons d'être fortis de l'engourdiffement où nous tenoit l'oubli des droits & de la dignité de l'Homme : or ces droits & cette dignité ne feront jamais mieux reconnus, ni moins léfés que dans une Société bien organifée ; c'eft une vérité confolante que je me plais à développer, & à laquelle je vais tacher de donner toute l'évidence dont elle eft fufceptible.

A la bonne-heure, me dira-t-on, nous convenons qu'immédiatement après le Pacte social les hommes font encore égaux & libres, parce qu'il eſt probable qu'ils n'ont pas eu le temps de ſe repentir de ce qu'ils ont fait & qu'on eſt libre dans un engagement, toutes les fois qu'on ne ne déſire pas de s'en affranchir ; d'ailleurs les avantages ſont encore les mêmes, & l'un n'a rien qui puiſſe lui donner de la ſupériorité ſur l'autre; mais combien de temps prétendez-vous que les choſes reſtent dans le même état?

Il me ſuffit d'avoir démontré que, loin de faire le ſacrifice d'une partie de leurs Droits pour entrer dans la Société, les hommes au contraire n'ont jamais été plus égaux & plus libres qu'après l'Acte de leur union; car, cette convention étant purement volontaire, chacun étoit le maître d'accepter ou de refuſer ; &, comme il eſt dans la nature de l'homme de rechercher le bien & d'éviter le mal, il falloit pour le déterminer à devenir Membre de la Société, qu'il entrevît un avantage préfent & réel. Or quel avantage auroit-il apperçu dans un ✶ t qui d'abord l'auroit privé des biens dont il étoit en poffeffion? Et quel motif pouvoit le déterminer fi ce n'eft celui de s'en affûrer la parfaite jouiffance? Peut-on fuppofer que, la Nature ayant créé les hommes égaux & libres, ait voulu détruire fes propres bienfaits, en leur infpirant des projets d'affociation? Si ces projets, comme nous n'en pouvons douter par l'exiftence même de la chofe, font entrés dans les plans de cette mère commune, n'eft-il pas évident qu'ils n'ont eu d'autre objet ni d'autre fin que de perfectionner fes premières intentions, & de les amener à leur parfait développement? Il eft donc bien fûr qu'aucune idée de Société ne seroit jamais entrée dans les têtes humaines, s'il eût été de l'essence de cette même Société d'altérer ou de détruire nécessairement l'égalité & la liberté primitives. C'est une trop grande contradiction entre la cause & l'effet, pour qu'on puisse l'admettre dans l'économie générale du monde.

Ils ont donc bien peu réfléchi sur la nature des choses, ceux qui, ne jugeant de la sociabilité que par l'état d'inégalité, de servitude, d'oppression & de misère dans lequel nous avons le malheur de vivre, & prenant des attentats contre la Nature pour les Loix même de la Nature, ont voulu que l'Etat social fût incompatible avec un Ordre plus parfait, & ne nous ont laissé que la perspective désespérante de retourner dans les bois, ou de traîner éternellement nos chaînes : Doctrine fausse & inhumaine,

maine, dont l'effet feroit de porter le découragement dans tous les cœurs, & de s'oppofer à jamais au déve-loppement de notre perfectibilité.

Il faut donc que le complément de l'organifation fociale foit auffi le complément de nos Droits. Il faut que nous arrivions au dernier terme de cette organifation, fans qu'ils ayeut fouffert aucune atteinte; & fi nous les avons perdus par l'abus de la fociété, nous fommes toujours auto-rifés à les reprendre, parce qu'il eft de leur Nature d'être imprefcripti-bles.

Le Contrat Social eft la première époque de la civilifation, & ce Contrat n'eft point une chimère, on eft forcé de l'admettre toutes les fois qu'on remonte à l'origine des Sociétés; car il n'eft autre chofe que le confentement exprimé ou tacite de chacun des Membres de l'affocia-

tion, & l'on ne conçoit aucune espéce de Société, sans l'existence de
ce consentement. Or de la réunion
de ces volontés particulières & unanimes, il résulte une volonté unique
& imposante qui constitue déjà le
pouvoir souverain & législatif, dont
le Pacte Social est le premier acte;
car c'est une Loi que chacun se fait
à soi-même & qui, en raison de son
identité avec celle des autres, devient
la Loi de tous; de manière qu'ils
sont liés; & cependant ils sont libres,
plus libres que s'ils ne l'étoient point;
car leur volonté les portant à cette
adhésion, s'opposer à cette volonté,
ce seroit s'opposer à leur Liberté.

Mais il n'est point de l'essence
de la volonté humaine d'être immua-
ble : aussi par la même raison qu'on
n'eut pas le droit de vous contraindre à entrer dans la société, on n'a
pas celui de vous forcer à y rester

malgré vous. Il vous eſt toujours libre d'en ſortir; mais ſi vous prétendiez reſter dans la Société, ſans remplir les clauſes du Contrat Social, ce ſeroit moins conſerver votre liberté, qu'attenter à celle des autres. Ce ſeroit leur dire, je veux reſter parmi vous avec des diſpoſitions contraires à celles que j'ai énoncées, & vous ſerez tenus de le ſouffrir. Si chacun en diſoit autant, plus d'égalité, plus de liberté. Cependant par la Nature variable de la volonté humaine, c'eſt une choſe qui doit néceſſairement arriver. Quel moyen reſte-t-il alors à la Société de ſe conſerver & de remplir le but de ſon inſtitution ? Aucun des Membres qui la compoſent n'a le droit de forcer les autres à remplir leurs engagemens : ce ſeroit ſubſtituer ſa volonté particulière à la leur. La Société ne le peut pas non plus envers aucun de

ſes Membres. Il faut donc encore
ici le conſentement de tous. Il faut
que chacun veuille bien ſe prémunir
contre l'inconſtance de ſa propre volonté. Les confédérés ſe raſſemblent
encore & ce ſecond acte du pouvoir
légiſlatif donne l'exiſtence au pouvoir exécutif qui n'en eſt qu'une éma-
nation, & qui doit toujours recon-
noître la ſupériorité de ſon principe.

Alors ſi la poſition locale & le
nombre des individus déterminent l'op-
tion du Gouvernemenr Monarchique,
on s'adreſſe, ſoit à un Etranger, ſoit
à un des Membres de la Société,
qu'on choiſit & qu'on met hors des
rangs; & on lui dit : « Nous vous
» commettons le Droit de nous con-
» traindre à faire individuellement,
» non ce que vous voudrez, mais
» ce que nous aurons voulu colle-
» ctivement; de manière qu'en vous
» obéiſſant, chacun n'obéiſſe qu'à ſoi-

» même. Telles feront les bornes de
» votre autorité. Ces bornes font de
» rigueur. Vous ne ferez que le dé-
» pofitaire de notre volonté tant qu'il
» nous plaira de la laiffer entre vos
» mains : c'eft par elle que vous nous
» commanderez, fans avoir perfonnel-
» lement aucun empire fur nous ».

Loin de trouver que ce Difcours
porte aucune atteinte à nos Droits
primitifs, je vois au contraire qu'ils
font confirmés & fanctionnés de la
manière la plus autentique. Bien plus,
fi l'immutabilité eft un attribut de
la volonté divine, l'inconftance & la
verfatilité doivent néceffairement être
une imperfection de la volonté humaine : or la Société la corrige de
cette imperfection, en lui imprimant
un caractère de permanence qui la
rapproche de celle de fon Auteur.
Voilà, fans doute, ce qui rend les
Loix facrées & vénérables ; c'eft parce

qu'elles nous offrent fur la terre l'image des décrets de la Divinité.

L'exiſtence d'un pouvoir exécutif entraîne de nouvelles modifications dans le corps politique. Ce pouvoir doit être néceſſairement doué de la puiſſance coërcitive. Celui qui en eſt le dépoſitaire ne peut donc pas l'exercer tout ſeul ; il lui faut des Miniſtres, des bras qu'il puiſſe faire mouvoir ; mais toujours d'après une volonté qui n'eſt pas la ſienne. Cette multitude de perſonnes employées à l'Adminiſtration forment un corps à part, qui, quoique dans la Nation, eſt en quelque ſorte hors de la Nation ; « il faut, dit Rouſſeau, pour qu'il ait une exiſtence, une vie réelle qui le diſtingue du Corps de l'Etat ; pour que tous ſes Membres puiſſent agir de concert & répondre à la fin pour laquelle il eſt inſtitué ; il lui faut un *moi* particulier, une ſenſibilité commune à ſes Membres, une force, une volonté propre qui tendent à ſa conſervation ».

Avant l'exiſtence du pouvoir exécutif il n'y avoit donc qu'un corps, qu'une perſonne morale qui étoit la Nation : maintenant nous en avons deux, la Nation & le Roi. Sous le mot de Roi je comprends tous les Membres du pouvoir exécutif. Ces deux perſonnes morales ayant chacune leur *moi*, leur vie particulière, il s'enfuit qu'elles ne peuvent avoir entr'elles que des raports de relation & jamais d'union ; car elles ne pourroient s'identifier ſans ſe détruire. De ces deux perſonnes l'une eſt ſouveraine, c'eſt la Nation ; l'autre dépendante, c'eſt le Roi. L'une paye & l'autre ſert. Auſſi Antigone définiſſoit la Royauté, *une honorable ſervitude.*

Mais la Souveraineté, l'exiſtence

même de la Nation ne peut avoir lieu qu'autant qu'elle est assemblée. Elle perd son *moi* toutes les fois qu'elle ne l'est pas. Comment fera-t-elle donc pour conserver sa vie morale ? Je sçais bien qu'elle ne meurt point, quoiqu'elle perde la conscience de sa personnalité. Il lui suffit de se rassembler pour reprendre ses sens, & redevenir en quelque sorte elle-même ; mais combien d'outrages ne peut-elle pas avoir soufferts pendant son sommeil ? Car le pouvoir exécutif ne dort point, il est doué d'une vie toujours active, & prenant le sommeil de la Nation pour une mort réelle, il se croit appellé naturellement à hériter de ses Droits. Alors de serviteur, il devient maître & pour mieux cacher ses larcins, il prétend les tenir du Ciel qu'il rend complice de ses usurpations. La longue éclipse de la Nation fait qu'on

n'apperçoit plus la source d'où dé-
rive la puissance exécutive : on s'ac-
coutume à la regarder comme souveraine , parce qu'elle en exerce tous
les droits : l'illusion est complette, &
la violence consomme l'ouvrage de
l'erreur.

D'un autre côté la Nation ne peut
pas rester toujours assemblée : quel
moyen trouvera-t-elle donc de prévenir les usurpations & de maintenir
ses Droits ? Je n'en vois qu'un : c'est
celui de se donner des Représentans ;
& quoique cette méthode ne soit pas
sans inconvéniens , elle offre du moins
la permanence du pouvoir législatif :
elle conserve à la Nation la conscience
de son *moi*, de sa personnalité qu'elle
ne doit jamais perdre , si elle ne veut
pas être asservie. Ces Représentans
deviennent en quelque sorte le cœur
de la Nation : ils y maintiennent le
sentiment & la vie. Ils surveillent le

pouvoir exécutif, & comme l'action du pouvoir exécutif eſt habituélle, la ſurveillance, doit l'être auſſi. Il ne doit donc pas plus y avoir d'intermittence dans l'exiſtence du pouvoir l'égiſlatif que dans celle du pouvoir exécutif ; parce que ces momens d'intermittence, quelque courts qu'on les ſuppoſe, peuvent être funeſtes à une Nation jalouſe de conſerver ſes droits.

Je ſçais que Rouſſeau, dans ſon Contrat Social, blâme l'uſage des Repréſentans, qu'il regarde comme une invention moderne. Il en fait honneur au défaut de Patriotiſme : mais comment veut-il que tous les individus d'une grande Nation puiſſent s'aſſembler collectivement ? Il faut de toute néceſſité qu'un certain nombre ſoient les fondés de procuration des autres, à l'effet de porter leur vœu à l'Aſſemblée Nationale : c'eſt une néceſſité qui tient

à la nature des chofes. Tout ce qu'on
auroit à craindre, ce feroit une fu-
nefte coalition entre le pouvoir exécutif & les Repréfentans de la Nation ; mais la Nation a divers moyens
de prévenir ce malheur.

D'abord, la Liberté des Elections,
celle de préparer les délibérations,
où de fe réferver le droit de donner
fon affentiment à celles qui n'auroient pas été prévues ; l'inftitution
préliminaire des Affemblées Provin-
ciales : la publicité illimitée de tout
ce qui fe dit & de tout ce qui fe
fait : la Liberté des opinions d'où
réfulte celle de la preffe ; enfin une
attention fcrupuleufe à ne jamais choi-
fir pour Repréfentans aucun des Membres du pouvoir exécutif ; car il s'en
fuivroit naturellement la coalition
qu'on veut éviter ; ce feroit un vice
radical. Le même homme fe trouveroit
alors participer au pouvoir légiflatif

& au pouvoir exécutif ; ce qui trouble, confond & dénature toutes les idées : car le pouvoir légiſlatif & le pouvoir exécutif devant être conſidérés comme deux individus, deux perſonnes morales, dont chacune a ſon *moi*, ſa vie particulière, il s'enſuit qu'ils ne doivent pas plus s'identifier dans leurs parties que dans leur tout. Cependant lorſque je ferai l'application de ces principes aux circonſtances actuelles, on verra combien nous avons été juſqu'ici les victimes de cette grande erreur, & combien nous ſommes près de l'être encore.

Tels ſont les Elémens conſtitutifs de l'organiſation Monarchique : elle réſulte de l'exiſtence de deux corps qui ne doivent jamais ceſſer d'agir & de réagir l'un ſur l'autre. La Nation ou le corps légiſlatif, tranſmet ſa volonté ſouveraine au corps exécutif ; celui-ci, ſemblable au miroir qui ne reçoit la lumière que pour la réfléchir, la renvoie au corps législatif, telle qu'il la reçue, sans addition & sans altération. C'est de ce simple mécanisme que résulte la vie Politique : ainsi chaque membre de la Nation ou du corps législatif, qu'il ne faut jamais confondre avec le corps exécutif, se trouve tour-à-tour Souverain & sujet du pouvoir exécutif ; Souverain comme Membre de la Nation, & sujet comme individu ; mais dans ces deux états, il est également libre, puisqu'en obéissant au pouvoir exécutif comme individu, il n'obéit qu'à sa propre volonté qu'il a transmise comme Souverain , & qui lui revient telle qu'il l'a transmise.

La liberté subsiste donc encore dans toute son intégrité ; mais elle seroit vaine, illusoire, ou plutôt elle n'existeroit point sans l'égalité : or

l'inégalité naît de la confusion des
deux pouvoirs. Elle existe lorsque la
même personne est à la fois Membre
du corps législatif & du corps exécutif. Il doit être permis, il faut
même qu'on passe de l'un à l'autre,
mais on ne doit jamais participer à
tous les deux en même-temps, parce
-que, si tous mes co-associés n'ont que
le droit de voter comme moi, nous
sommes parfaitement égaux, sur-tout
s'il faut que nos vœux soient unanimes; mais il n'y auroit plus d'é-
galité, si ceux que nous avons com-
mis pour assurer la constance de
notre volonté & nous forcer à remplir notre vœu, pouvoient également
voter avec nous. Je ne parle
pas d'une infinité d'autres raisons
d'inégalité qui découleroient de la
même source.

Il n'en est pas de même de la
différence de fortune, lorsqu'elle n'est

pas excessive ; c'est-à-dire, lorsqu'il n'y a pas dès co-associés qui ont tout, tandis que les autres n'ont rien : qu'un Homme soit plus riche que moi, cette inégalité de fortune met entre nous une inégalité de jouissance, mais non pas une inégalité Politique. J'ai le droit de voter comme lui ; la même puissance qui me force à remplir mon vœu, le force à remplir le sien ; nous sommes dans la position de deux Sauvages qui vont à la Chasse, l'un fait curée, l'autre ne la fait pas. L'essentiel est que nous ayons tous les deux le droit de chasser, c'est ce Droit qui nous rend égaux.

D'ailleurs l'énorme disproportion des fortunes, n'est point un effet immédiat de la Société, mais d'une Société mal ordonnée ; remédiez aux autres vices Politiques, & celui-là disparoîtra. Que personne ne puisse employer que les moyens légitimes d'acquérir , & personne ne sera pauvre. On ne verra plus d'un côté des riches coupables & infolens , & de l'autre, des malheureux avilis & dénués de tout.

Il eft donc poffible qu'un état Monarchique foit conftitué de manière à conferver à l'Homme tous fes Droits, & cette poffibilité me femble réfulter fur-tout, de la diftinction, de la permanence & des limites refpectives des deux pouvoirs : de l'attention continulle à ne pas fouffrir l'aggrégation totale ou partielle des deux corps qui les compofent. Car il n'eft que deux écueils pour une Nation : l'Anarchie où le Defpotifme. Or le Defpotifme a lieu toutes les fois que le pouvoir exécutif s'approprie le pouvoir légiflatif; & l'Anarchie, quand le pouvoir légiflatif reprend, ou méconnoit le pouvoir exécutif. Prefque toutes les Nations me paroiffent avoir ignoré cè principe conſervateur , ou du moins s'être conduites comme ſi elles l'ignoroient. Aucune n'a ſçu ou n'a pu donner à chaque puiſſance des bornes qu'il lui fût impoſſible de franchir. Enfin je crois que, malgré l'inſtabilité des choſes humaines, & malgré cet adage, ſi ſouvent repété par les Politiques : « que les Nations » ſont comme les Hommes; qu'elle ſont » leur naiſſance, leur âge viril, leur » décrépitude & leur mort, comme »nous »; je crois, dis-je, que, s'il exi-ſtoit un Peuple qui ſût ſe préſerver de la coalition des deux pouvoirs, il offri-roit le phénoméne d'une exiſtence inaltérable, & d'une éternelle proſ-périté.

Mais il eſt de la nature du pou-voir exécutif, d'avoir en main les forces de l'Etat; le pouvoir légiſlatif n'a que le Privilége de faire des loix. Comment pourra-t-il donc s'oppoſer aux entrepriſes du pouvoir exécutif ? C'eſt un problême que je ne me flatte pas de réſoudre; cependant je n'en crois pas la ſolution impoſſible : pour un Peuple qui ſait veiller à ſes intérêts, la violence me paroît bien moins à craindre que la corruption.

Le corps exécutif ne doit être que le ſtipendié du corps légiſlatif; ce que je vais dire aura l'air d'un paradoxe; mais je m'y trouve naturellement entraîné par mes principes; je voudrois que, depuis le Roi juſqu'au dernier Membre du corps exécutif, aucun n'eût de propriété dans l'Etat; qu'ils fuſſent tous aux appointemens de la Nation, & que, lorſqu'un Citoyen paſſeroit du corps légiſlatif au corps exécutif, s'il avoit des poſſeſſions territoriales ou d'autres revenus; ils reſtaſſent en dépôt entre les mains de la Nation, juſqu'à ce qu'il revînt à son premier poste. Il faut que tous ceux qui servent la Nation vivent sur le trésor Public. Il ne faut pas qu'un Particulier paye pour se faire rendre justice, parceque tout le monde a besoin de justice; il ne faut pas qu'il paye pour être protégé, parce que tout le monde a besoin de protection. Il en est de même de toutes les autres branches du pouvoir exécutif : des services communs à tous doivent être payés en commun.

On voit, par là, qu'il resteroit dans les mains du pouvoir législatif, une puissance bien propre à balancer celle du pouvoir exécutif : ce seroit de ne plus payer. On pourroit d'ailleurs licencier les troupes en temps de paix, n'en conserver que ce qui seroit nécessaire au maintien du bon ordre, & de la sûreté des frontières, & prendre une infinité d'autres arrangemens, dont il feroit facile à des gens plus éclairés que moi, de démontrer la poffibilité.

Au refte je ne me fuis pas propofé d'approfondir toutes ces queftions; je me contente de pofer les princi pes qui me paroiffent les plus raifonables, & il me femble que, fi de Particulier à Particulier, il s'établit un rapport de mercénarité, lorfque l'un paye & que l'autre fert; il n'en eft pas de même lorfque c'eft la Nation qui paye; car alors chaque Particulier croit recevoir gratuitement, comme individu, les fervices qu'il a payés comme Souverain. D'un autre côté, les Membres du pouvoir exécutif, ne devant leur exiftence qu'à la Nation, & fe trouvant récompenfés par elle feule, ne peuvent jamais oublier qu'ils font les hommes de la chofe Publique. C'eft alors qu'on peut fe flatter d'avoir

des Magiſtrats intégres, & des Militaires Patriotes. On ne les entend plus
ſe plaindre de s'être ruinés au ſervice
du Prince, parce que la Nation
n'entend pas qu'on ſe ruine pour
elle. Il ſeroit même impoſſible qu'aucun pût former cette plainte; car
tous les Membres du corps exécutif,
ne vivant que ſur le tréſor Public,
il s'enſuivroit qu'ils devroient tout
à la Nation. Cette dépendance, ou
plutôt ce beſoin mutuel des deux
corps Politiques, établiroit entr'eux
le rapport le plus intime, ſans leur
permettre jamais de ſe confondre;
ce qui me paroît être le chef-d'œuvre
de la Légiſlation.

Mais, dira-t-on, l'égalité n'exiſte
plus entre les Membres qui compoſent les deux corps : point du tout;
elle exiſte toujours : car, ſi les Membres du corps légiſlatif ſont ſupérieurs
comme Souverain, ils ſont inférieurs

comme Sujets : il en eſt de même de ceux qui compoſent le corps exécutif : s'il ſont inférieurs à ceux du corps légiſlatif, enviſagés collectivement, ils leur ſont ſupérieurs, pris individuellement; or, cette infériorité & cette ſupériorité reſpectives ſe balançant mutuellement, reſte l'égalité.

Le Roi lui-même eſt individuellement égal aux autres; il eſt même inférieur aux Citoyens collectivement aſſemblés; parce qu'alors la volonté de tous qui conſtitue le Roi, n'eſt plus dans le Roi, mais dans cette aſſemblée; & ce qu'il y a de plus extraordinaire, c'eſt que cette aſſemblée, en la dépoſant cette volonté, dans les mains du Roi, ne s'en dépouille point; elle la lui donne dans toute ſon étendue, & néanmoins elle a toujours ce qu'elle a donné.

Le Roi n'eſt donc qu'un homme,

lorſqu'il manifeſte ſa propre volonté; mais il eſt un Dieu, lorſqu'il eſt l'organe de la volonté générale. Image de la Divinité ſur la terre, il eſt préſent à-la-fois dans toute l'étendue de ſon Empire, parce qu'il eſt la volonté de tous ceux qui l'habitent. Que l'individu Royal périſſe, qu'il ſoit remplacé par un autre, la Nation doit toujours avoir le même Roi, parce que ſa volonté ne meurt point. Il doit donc être indifférent pour elle que le Roi ſoit individuellement bon ou mauvais : l'Etat eſt mal conſtitué, toutes les fois qu'on eſpère de ſa bonté, ou qu'on craint de ſa tyrannie.

Ils ne s'apperçoivent donc pas, combien ils dégradent la Majeſté Royale, ceux qui veulent nous faire regarder le Roi, comme le Père de la Nation! Ils ne voyent donc pas combien cette idée eſt au-deſſous de son excellence, j'ai presque dit sa Divinité; car un Père ne nous présente que l'idée d'un être foible, impuissant & passionné, tandis que la volonté Nationale, incorporée & vivante dans le Roi, doit être la force souveraine, la Puissance irrésistible, la Raison impassible. Les Rois eux-mêmes n'ont que de fausses notions de leur rang : il semble que la foiblesse de leur nature, les empêche de se former une véritable idée de leur grandeur. On diroit qu'ils sont privés de l'instinct moral de leur perfection.

Mais on a beaucoup trop calomnié les Rois : c'est presque toujours la faute de la Nation, s'ils ne sont pas ce qu'ils doivent être; car, si c'est la volonté Nationale qui constitue le Roi; s'il n'est réellement Roi qu'autant qu'il en est le dépositaire; comment le sera-t-il, s'il n'existe plus de vonlonté Nationale ? Ce n'eſt pas une choſe qu'il puiſſe ſe donner à lui-même. Alors, privé de ſon âme Politique, s'il m'eſt permis de m'exprimer ainſi, l'individu conſerve le nom de Roi, mais il n'eſt plus Roi; cependant on veut qu'il le ſoit ; on cherche dans la rectitude de ſa volonté individuelle, l'équivalent d'une choſe que rien ne peut ſuppléer. C'eſt parce qu'il n'eſt plus le roi de ſes ſujets qu'on veut qu'il en ſoit le Père : on ne ceſſe de lui en donner le titre, de lui parler de ſes bontés paternelles. C'eſt alors qu'on attache la plus grande importance à l'éducation des rois : qu'on fait dépendre les deſtinées de la Nation de leur bonté ou de leur perverſité morale. Mais helas ! il n'exiſte pas plus de Nation que de Roi car l'un ne peut exiſter ſans l'autre. Ce n'eſt plus, pour me ſervir de l'expreſſion

d'un de nos Ecrivains Patriotes (1)
ce n'eſt plus qu'un troupeau d'individus qui errent, ſans raiſon comme
ſans intérêt, ſur une vaſte étendue.
On y parle cependant de Liberté, de
Vertu, de Patriotiſme; mais ce ſont
des mots qui ne diſent plus rien,
& qui frappent les oreilles, ſans
porter dans le cœur, le ſentiment
qu'ils expriment.

Que les Rois connoiſſent bien peu
leurs intérêts, lorſqu'il travaillent à
réduire une Nation à cet état de
mort dont ils ſont eux-mêmes les
victimes! S'ils ne peuvent être réellement Rois qu'autant qu'ils ſont
les dépoſitaires de la volonté Nationale; étouffer cette volonté dans la
Nation, n'eſt-ce pas commettre ſur
eux - mêmes un véritable régicide?
Et que leur reſte-t-il après cet énorme

____

(1) M. Le Comte d'*Entraigues*.

attentat ? leur âme étoit le centre où venoient aboutir toutes les volontés ; elle communiquoit avec toutes les âmes : maintenant elle est déferte & folitaire : elle a perdu cette comunion, cette omni-préfence métaphyfique qui fait le charme exclufif de la Royauté. Ce n'eft point dans le fafte des cours que réfide le bonheur des Rois ; c'eft dans la perpétuelle contemplation de leur dignité morale : otez la leur, il ne leur refte que des plaifirs vulgaires : c'eft la feule jouiffance qu'on ne puiffe partager avec eux.

Ils doivent donc apporter la plus grande attention au maintien de la volonté nationale, puifqu'ils ne font Rois qu'autant que cette volonté fe manifefte, & qu'ils en font les dépofitaires. Prétendre y fubftituer leur volonté particulière, c'eft vouloir n'être qu'un homme, quand on peut être Roi. La Nation, de son côté, n'est pas moins intéressée à maintenir cette volonté souveraine; car elle est l'âme de tout le corps politique. Il ne doit pas être au pouvoir du Roi de l'étouffer ou de la proscrire: c'est elle qui vivifie à la fois le corps législatif & le corps exécutif: elle est, dans toute l'étendue de l'Empire, ce que le mouvement est dans la Nature; lorsqu'elle cesse de l'animer, Sujets & Monarque tout périt; tout rentre dans le néant.

Tous ont donc un même intérêt à maintenir & à connoître cette volonté; car, quand on ne la connoît point, c'est comme si elle n'existoit pas. On peut même dire qu'elle existe jusqu'à la parfaite dissolution de la Société; mais des intérêts particuliers & toujours mal-entendus peuvent lui opposer d'assez grands obstacles, pour l'empêcher de se manifester;

&, dès-lors, elle est dans un état d'inertie qui ne diffère point de l'anéantissement.

« Quand le Nœud Social commen-
» ce à se relâcher, l'Etat à s'affoiblir, &
» quand les intérêts particuliers com-
» mencent à se faire sentir, & les
» petites Sociétés à influer sur la gran-
» de, l'intérêt commun s'altère, &
» trouve des opposans; l'unanimité
» ne règne plus dans les voix; la volon-
» té générale n'est plus la volonté de
» tous; il s'élève des contradictions,
» des débats, & le meilleur avis ne
» passe point sans dispute »,

« Enfin, quand l'Etat près de sa
» ruine ne subsiste plus que par une
» forme illusoire & vaine, que le lien
» social est rompu dans tous les cœurs,
» que le plus vil intérêt se pare ef-
» frontément du nom sacré du bien
» public, alors la volonté générale
» devient muette; tous guidés par des

» motifs ſecrets n'opinent pas plus
» comme Citoyens que ſi l'Etat n'eut
» jamais exiſté, & l'on fait paſſer fauſſe-
» ment ſous le nom de Loix, des
» décrets iniques qui n'ont pour but
» que l'intérêt particulier ».

« S'enſuit-il de - là que la volonté
» générale ſoit anéantie ou corrom-
» pue? Non; elle eſt toujours con-
» ſtante inaltérable & pure; mais elle
» eſt ſubordonnée à d'autres qui l'em-
» portent ſur elle. Chacun, en déta-
» chant ſon intérêt de l'intérêt com-
» mun, voit bien qu'il ne peut l'en
» ſéparer tout-à-fait; mais ſa part du
» mal public ne lui paroît rien, auprès
» du bien excluſif qu'il prétend s'ap-
» proprier. Ce bien particulier excep-
» té, il veut le bien général pour ſon
» propre intérêt, tout auſſi fortement
» qu'aucun autre. Même en vendant
» ſon ſuffrage à prix d'argent, il n'é-
» teint pas en lui la volonté géné-

» rale ; il l'élude. La faute qu'il com-
» met eſt de changer l'état de la
» Queſtion, & de répondre autre
» choſe que ce qu'on lui demande;
» enſorte qu'au lieu de dire par ſon
» ſuffrage : *Il eſt avantageux à l'Etat*,
» il dit : *Il eſt avantageux à tel homme*
» *ou à tel parti que tel ou tel avis paſſe.*
» Ainſi, la Loi de l'ordre public
» dans les Aſſemblées n'eſt pas tant
» d'y maintenir la volonté générale,
» que de faire qu'elle ſoit toujours
» interrogée & qu'elle réponde tou-
» jours (1) ».

Mais faire que cette volonté ſoit
toujours interrogée & qu'elle réponde
toujours, n'eſt ce pas la maintenir ?
Et, lorſqu'elle ſe tait, n'eſt ce pas la
même choſe que ſi ellen'exiſtoit point ?
C'eſt de ſon plus grand développement
que réſulte la plus grande ſomme de

---

(1) Rouſſeau, *Contrat Social.* Liv. 4. Chap. I.

vie & de profpérité Nationale ; car la Nation doit être confidérée comme un individu, comme une perfonne morale qui ne peut vouloir que ce qui lui eft avantageux ; or tous les intérêts, tous les priviléges, toutes les diftinctions qui s'oppofent au développement de fa volonté, font autant de vices dans fon organifation : ce font autant de levains morbifiques, qui, tôt ou tard, entraînent la ruine du Corps Social, ou ne lui laiffent qu'une vie infirme & valétudinaire. S'il ne fe purge abfolument de ces humeurs viciées, de ces obftructions politiques, il ne reprendra jamais une fanté robufte & floriffante ; fes Membres paralyfés ou gangrénés ne recevront plus la féve nourricière ; ils finiront même par ne plus en éprouver le befoin : accoutumés à fe nourrir de |principes égoiftes, ils en préfère-

ront

ront le poifon à l'aliment des vertus fociales; c'eft une vérité trop évidente pour qu'il foit encore poffible d'en douter.

Mais d'où proviennent des maux auffi déplorables? Car, comme nous l'avons déjà dit, la Nation ne peut vouloir que ce qui lui eft avantageux : c'eft un principe inconteftable; elle ne peut vouloir que ce qui lui eft avantageux; mais elle peut errer dans les moyens. C'eft quelquefois l'infouciance du pouvoir légiflatif, & plus fouvent encore les ufurpations du pouvoir exécutif qui fément dans l'Etat ces germes d'inégalité deftructive : ils ne tardent point à développer leur influence meurtrière; &, par la fuite des tems, ils pouffent de profondes racines qui finiroient par étouffer l'arbre conftitutionel, fi l'on ne s'avifoit enfin de les arracher; mais la Nation eft toujours libre de corriger ſes erreurs : elle ne preſcrit ni contre les uſurpations du pouvoir exé-cutif, ni contre les abus invétérés qui s'oppoſent à ſa régénération : il lui ſuffit de manifeſter ſa volonté pour rentrer dans l'exercice de ſes droits.

Mais, s'il faut que l'unanimité des volontés individuelles conſtitue la volonté générale, comment pourra-t-on obtenir cette unanimité dans un État où pluſieurs individus ſont in-fectés de la maladie de l'intérêt perſon-nel ? L'immortel Auteur que j'ai déjà cité (1) va me fournir encore la ré-ponſe à cette objection.

« Il n'y a qu'une ſeule Loi, dit » Rouſſeau, qui, par ſa nature, exige » un conſentement unanime. C'eſt le » Pacte Social : car l'aſſociation ci-» vile eſt l'acte du monde le plus vo-» lontaire ; tout homme étant né libre » & maître de lui-même, nul ne peut

---

(1) Rouſſeau, *Contrat Social*, Liv. IV. Ch. I.

» fous quelque prétexte que ce puiſſe
» être, l'aſſujettir ſans ſon aveu ;
» décider que le fils d'une eſclave naît
» eſclave, c'eſt décider qu'il ne naît
» pas homme ».

« Si donc, lors du Pacte Social, il
» s'y trouve des oppoſans, leur op-
» poſition n'invalide pas le Contrat ;
» elle empêche ſeulement qu'ils n'y
» ſoient compris ; ce ſont des Étran-
» gers parmi les Citoyens. Quand
» l'État eſt inſtitué, le conſentement
» eſt dans la réſidence ; habiter le
» territoire c'eſt ſe ſoumettre à la
» ſouveraineté ».

« Hors ce Contrat primitif, la voix
» du plus grand nombre oblige tou-
» jours tous les autres ; c'eſt une ſuite
» du Contrat même. Mais on demande
» comment un homme peut être libre,
» & forcé de ſe conformer à des volon-
» tés qui ne ſont pas les ſiennes ?
» Comment les oppoſans ſont-ils libres

» & foumis à des Loix auxquelles ils
» n'ont pas confenti » ?

« Je reponds que la Queftion eft
» mal pofée. Le Citoyen confent à
» toutes les Loix, même à celles qu'on
» paffe malgré lui, & même à celles
» qui le puniffent quand il ofe en violer
» quelqu'une. La volonté conftante
» de tous les Membres de l'Etat eft
» la volonté générale; c'eft par elle
» qu'ils font Citoyens & libres. Quand
» on propofe une Loi dans l'Affem-
» blée du Peuple, ce qu'on leur de-
» mande n'eft pas précifément s'ils
» approuvent la propofition ou s'ils
» la rejettent, mais fi elle eft conforme
» ou non à la volonté générale qui
» eft la leur; chacun, en donnant fon
» fuffrage, dit fon avis là-deffus, &
» du calcul des voix fe tire la décla-
» ration de la volonté générale. Quand
» donc l'avis contraire au mien l'em-
» porte, cela ne prouve autre chofe

» sinon que je m'étois trompé, & que » ce que j'estimois être la volonté » générale ne l'étoit pas ».

Comme l'observe très-bien Rousseau, c'est une suite nécessaire du Contrat Social ; en donnant mon consentement à ce Contrat, je vote la conservation & la prospérité de l'association. Tant que j'adhère à la Société je persiste dans le même vœu ; car mon adhésion seule prouve que je veux qu'elle prospere & qu'elle se perpétue. Il en est de même de tous les autres Membres : ainsi ce vœu commun & unanime est la volonté générale ; mais je ne suis pas le seul juge des moyens de conservation & de prospérité. Je puis me tromper &, par conséquent, voter contre ma volonté qui est pour le maintien & la prospérité de l'association : on sent qu'il en seroit de même, quoiqu'un certain nombre de voix fussent réunies à la mienne, fi la majorité n'étoit pas de mon côté : le vœu de la majorité eft donc l'expreſſion de ſa volonté générale ; il eft le Souverain ; il conſtitue la Loi. Tous les autres vœux doivent s'anéantir devant lui ; & ſes décrets, il faut qu'ils ayent la force du Deftin.

Lorſqu'une grande Nation, après avoir été long-tems travaillée par toutes les cauſes de deftruction dont j'ai déjà parlé, ſe trouve, pour ainſi dire, ſur ſon lit de mort ; lorſque toutes les autres Nations, les yeux fixés ſur ſon agonie, n'attendent que le moment où elle va rendre le dernier ſoupir ; fi, tout-à-coup, par une criſe ineſpérée, elle peut reprendre l'exercice de ſa volonté ſouveraine ; fi les bruyantes réclamations de l'intérêt perſonnel ſe taiſent, ou ſont étouffées par l'aſcendant de ſa voix irréſiſtible ; cette Nation, prête à deſcendre au Tom-

beau , reprend l'éclat de la jeunesse ;
une force vivifiante la ranime ; elle
se rassied sur des bâses inébranlables.
C'en est fait , le grand acte de sa régénération est consommé.

Tout vit, tout renaît avec elle :
ceux qui redoutoient le plus de lui
faire le sacrifice de leurs passions, se
trouvent heureux de les lui avoir im-
molées. La sensibilité refoulée & com-
primée dans tous les cœurs, brise les
scellés de l'orgueil , des préjugés &
de l'intérêt sordide ; elle s'étend, se
développe & reprend toute son ex-
pansibilité, sous l'influence de l'égalité
fraternelle; & de la liberté renaissante.
Le feu sacré du Patriotisme embrâse
toutes les âmes ; elles ont des droits
à tout ce qui est grand & sublime,
parce qu'elles en portent en elles-
mêmes le foyer générateur : chaque
jour voit éclore les étonnantes mer-
veilles du génie & du courage. Ce

n'eſt par-tout qu'un même eſprit, un même intérêt, une même paſſion. L'homme alors eſt tout ce qu'il peut être. Il exiſte dans toute ſa plénitude. Tous ceux que la mort a moiſſonnés avant cette époque fortunée, n'ont eu qu'une vie incomplette & partielle : on peut dire que les intentions de la Nature ont été trompées à leur égard ; que la plus grande partie de leur être n'a point été développée : qu'ils ſont morts ſans avoir vécu.

Mais que ſert de tracer le Tableau conſolant de la perfection ſociale ? Que ſert de le préſenter à des hommes dégradés qui craignent d'avoir une Patrie ? A des hommes acclimatés dans la ſervitude, qui ne connoiſſent que des préjugés & des diſtinctions, & pour qui tout le reſte eſt chimère ? Ah ! quand les mœurs ſont parvenues à leur dernier terme de dépravation, quand le Philoſophe ſe trouve réduit à regarder comme un bien le malheur d'une vie folitaire, du fond de fa retraite, il fe flatte encore qu'en éclairant les hommes, il va les rendre meilleurs; libre des préjugés qui dominent fes Contemporains, il efpère qu'une heureufe révolution fera quelque jour le fruit & la récompenfe de fes veilles. Cependant fes années s'écoulent dans des méditations ftériles. Ses penfées les plus féçondes meurent fur le papier où il les a tracées: lui-même; la mort le furprend au milieu de fes travaux, & lui ôte la vie, fans le détromper de fon erreur!

J'ai cherché dans la nature même des chofes, les principes du Droit naturel des Sociétés civiles, principes d'éternelle vérité, principes imprefcriptibles, qu'il ne faudra ceffer de réclamer que, lorfqu'ils feront devenus par-tout la bâfe du Droit pofitif. J'ai tâché de les développer, &

d'en faire l'application au Gouvernement Monarchique. On a vu qu'il n'entroit nullement dans sa constitution d'enlever à l'Homme ses droits primitifs : qu'au contraire, l'Homme ne pouvoit les perdre, que par le renversement de cette même constitution. Maintenant, si nous jettons les yeux sur ce que nous appellons notre Monarchie, il ne me sera que trop aisé de démontrer que les principes que j'ai développés, ne lui sont nullement applicables; & qu'on ne les a consultés en aucune manière, dans tout ce qu'on a fait, ni dans tout ce qu'on paroît se proposer de faire.

D'abord, je demande comment ces principes seroient applicables à un Etat dans lequel ont veut laisser subsister, trois Ordres de Citoyens dont les volontés & les intérêts different essentiellement; dont les uns veulent avoir des Priviléges, des distinctions, des prérogatives, & qui, quoique infiniment inférieurs en nombre, s'offensent de toute idée qui tend à retrécir la ligne de démarcation qui les sépare de leur co-associés? Mais c'est l'ordre le plus considérable, c'est le Tiers-Etat qui compose la Nation; — il n'a donc rien de commun avec les autres : le Pacte Social est rompu pour eux : ils ne sont plus Citoyens. C'est le vœu du Tiers-Etat, qui forme la loi; c'est en lui que réside la souveraineté. Les autres n'ont pas même le droit de voter. Ils doivent se conformer aux loix du Tiers-Etat, comme des Etrangers pendant leur séjour, se conforment aux loix des pays, dans lesquels ils se trouvent.

Mais, ils ont de grandes possessions territoriales dans le Royaume, & ils veulent absolument faire partie de la Nation : — de grandes poſſeſſions n'empêchent point l'égalité Politique. S'ils veulent donc être Citoyens, il faut qu'ils rentrent dans l'égalité ; car le but de toute Inſtitution civile eſt que les Membres qui la compoſent ſoient égaux & libres. Il faut qu'ils renoncent à leurs Priviléges ; qu'on léve la ligne de démarcation ; que la voix de la majorité ſoit la leur ; qu'ils la reconnoiſſent pour la volonté générale &, par conſéquent, pour leur propre volonté ; en un mot, qu'ils conſentent à être Citoyens.

Mais il faut des ordres ſéparés dans un grand Etat ; autrement il deviendroit démocratique, & cette forme ne convient point à une vaſte étendue de pays, ni à une nombreuſe population. — C'eſt ce qu'on appelle un vrai ſophiſme ; car un principe contraire au but de la Société, ne peut dans aucun cas, tendre à la conſervation de cette même Société. Ce qui caractériſe principalement la Monarchie, & la diſtingue de toutes les autres formes connues, ce n'eſt pas d'avoir des Nobles; car les Nobles ſont un vice dans tous les Gouvernemens poſſibles, &, comme l'obſerve très-bien un Ecrivain, qui pourtant eſt Noble (1), la Nobleſſe héréditaire eſt le plus grand de tous les fléaux pour une Nation libre. Une Monarchie ſeroit donc bien malheureuſe, s'il lui falloit abſolument des Nobles ; mais le fait eſt qu'ils n'entrent nullement dans ſa conſtitution. Un pouvoir légiſlatif, bien diſtinct du pouvoir exécutif à la tête duquel ſe trouve un Monarque ; voilà les ſeules conditions qu'exige impérieuſement la conſtitution Mo-

____

(1) M, Le Comte d'Entragues.

narchique. C'est par là qu'elle diffère de la pure démocratie, où les deux pouvoirs sont confondus, & où les hommes qui font la loi, se chargent aussi de la faire exécuter ; vice radical qui, même dans les plus petits Etats, doit bientôt amener le désordre, & faire promptement succéder l'aristocratie à la démocratie.

Mais, dira-t-on, dans une vaste Monarchie, il faut des Grands & des ordres Privilégiés, qui puissent contenir le Monarque, au cas qu'il eût des dispositions à devenir despote ; le Monarque ne pourra ni ne voudra jamais être despote, si le pouvoir législatif est toujours en vigueur ; or, pour donner de la consistance au pouvoir législatif, il n'est nullement nécessaire d'altérer l'égalité qui doit régner parmi les Citoyens. Il suffit d'établir des Etats Provinciaux, & un Sénat, ou congrès permanent, qui, comme je l'ai déjà dit, puisse toujours conserver à la Nation la concience de son *moi*, de sa perfonalité morale; & où les repréfentans, quoique perfonnellement égaux aux repréfentés, auront cependant un caractère collectif qui ne ceffera d'en impofer au defpotifme.

Une trifte expérience n'a que trop appris que les Grands & les ordres privilégiés, loin de lui oppofer une barrière, en font les fauteurs & les complices, toutes les fois qu'il ne tombe pas fur eux : Eh! comment pourroient-ils s'oppofer au defpotifme dont ils font eux-mêmes les créatures? Efpéce d'Efclaves, d'autant plus vils, qu'ils s'honorent de leur fervitude, & fe confolent d'être maîtrifés, pourvû qu'ils puiffent maîtrifer à leur tour. Que leur importe qu'on pillé & qu'on dévore la Nation, pourvû que leurs Priviléges foient confervés?

ils s'embarraſſent bien de cette ca-
naille, qu'ils regardent comme d'une
eſpéce très-inférieure à la leur &,
(ce qu'il y a de bien plus extraordinaire) à laquelle ils ſont parvenus à
perſuader qu'elle l'étoit effectivement.
Ce n'eſt que lorſque le deſpotiſme
ſe trouve réduit à la néceſſité de ſe
dévorer lui-même; ce n'eſt que lorſque leurs Priviléges ſont menacés,
qu'on les entend s'écrier que la Nation eſt en péril; que les droits des
Citoyens ſont attaqués; comme ſi
l'on pouvoit regarder pour de vrais
Citoyens, des hommes qui ont rompu la première condition du Pacte
Social, & qui ne vivent que pour
maintenir dans la Nation la plus
funeſte de toutes les oligarchies.

Mon intention, en prenant la
plume, n'a pas été de m'ériger en
Démagogue, ni de faire une brochure
incendiaire : loin de me livrer à
toute

toute l'indignation que m'infpirent les abus atroces & inhumains, que j'ai fans ceffe fous les yeux, je voudrois qu'il me fût poffible d'éclairer les hommes, fans les bleffer : depuis long-temps j'ai, pour mon propre compte, contracté l'habitude de plaindreleur erreurs, fans m'offenfer de leurs injuftices : puifqu'ils fe trouvent naturellement liés aux chofes, il m'eft fans doute impoffible de les féparer, en écrivant ; mais je les fépare toujours, dans mon cœur & dans mon efprit ; c'eft un des plus grands inconvéniens du fujet que je traite. Je ne puis réclamer les droits de l'Humanité, fans m'élever contre les inftitutions qui les outragent : or ces inftitutions font l'ouvrage des hommes ; ce font des hommes qui les maintiennent. Il femble donc qu'attaquer ces inftitutions, c'eft les attaquer eux-mêmes : cependant, fi l'on réfléchit que les hommes sont par-tout le produit des circonstances; que telle ou telle inftitution, telle ou telle forme de Gouvernement compofent, modifient & changent entièrement le fyftême total de leurs fentimens & de leurs opinions, on verra peut-être qu'attaquer ces fentimens & ces opinions, c'eft n'attaquer que le réfultat d'une caufe qui leur eft étrangère ; que cette infurrection eft compatible avec la bienveillance qu'on doit à tous , & que le befoin de répandre du fiel n'eft pas toujours le principe des reproches qu'on leur fait.

Et que fçais-je moi-même , fi j'avois eu le malheur de naître dans une claffe privilégiée, que fais-je fi je n'aurois pas eu befoin qu'on rectifiât mes idées, qu'on éclairât ma raifon, qu'on me démontrât l'injuftice & l'abfurdité de mes préjugés, qu'on me fît entrevoir un intérêt plus grand à les abandonner qu'à les défendre ? Que fais-je, fi maintenant, au lieu de plaider la caufe des hommes & de la Société, je ne ferois pas le premier à combattre ces faintes & éternelles maximes ? à leur oppofer de la meilleure foi du monde, un échaffaudage de quelques miférables fophifmes, pour m'aflûrer le maintien de ce que j'appellerois mes Droits? Nous avons, à-la-vérité, l'exemple de quelques hommes fupérieurs, qui, nés dans une claffe privilégié, ont prouvé, par leur conduite & par leurs Ecrits, qu'ils ne demandoient qu'à être Citoyens; mais combien en eft-il en qui la manie des Priviviléges & des diftinctions a tous les fymptômes d'une maladie incurable, & qui croiroient bonnement fe dégrader en les abandonnant.

Je n'ai ni la puiſſance du talent, ni celle du Génie : le Ciel, avare de ſes bienfaits, n'a pas voulu m'accorder un préſent ſi rare; mais j'employerai du moins toutes les facultés qu'il m'a données à perſuader, aux hommes de tous les pays, que des ſacrifices faits à la Société ne méritent point le nom de ſacrifices, ſur-tout lorſqu'ils ſont unanimes; qu'on ne ſeroit jamais plus riche que, ſi, n'ayant rien à ſoi, l'on pouvoit participer à la richeſſe commune; qu'il en eſt de même de tous les autres avantages : que la plus belle de toutes les diſtinctions, la plus éminente de toutes les prérogatives, c'eſt celle d'être Membre d'un Peuple libre.

Si l'on ne veut pas m'en croire, qu'on interroge ceux qui ont encore le bonheur de vivre ſous de pareils Gouvernemens; que l'on conſulte les Annales de ces Peuples an-

ciens, qui, dans des ouvrages im-
mortels, nous ont tranſmis le fou-
venir de leur exiſtence Politique :
qu'importe qu'on paſſe toute ſa vie
à les étudier, ſi ce n'eſt que pour
ſatisfaire une curioſité puérile. Eh !
ſi des Citoyens, égaux & libres, ont
préféré la Patrie à tout ; ſi, pour
conſerver cette égalité, cette liberté
civile, ils ont verſé leur propre
ſang, & immolé même la Nature,
ſacrifices ſublimes, qui épouvantent
nos âmes chetives, leur paroiſſent
atroces, & prennent à nos yeux aſ-
ſervis la couleur des forfaits ; quel
prix ne devoient-ils pas attacher à
des biens que nous rebutons, & qui
leur inſpiroient des affeƈtions auſſi
grandes & auſſi généreuſes ! Et en
effet rien coûte-t-il à des cœurs Patriotes ? Qu'eſt-ce que la Fortune,
les Honneurs, les Dignités, la Gloire
même à côté du Patriotiſme ? Cette

paſſion n'eſt-elle pas au-deſſus de tout? Et, lorſque nous n'avons qu'un pas à faire pour l'acquérir; lorſqu'il ne s'agit que de poſer nos fers & nos diſtinctions antiſociales, nous regardons avec des yeux de complaiſance ces objets de notre honte & de nos miſères! que dis-je? Nous les ferrons étroitement de peur qu'ils ne nous échappent. Nous craignons d'être forcés d'aimer la Patrie, & de n'aimer qu'elle!

Ah! qui nous donnera le beſoin d'éprouver cette paſſion des grandes âmes? Pourquoi faut-il qu'on n'en puiſſe connoître le prix que quand on la poſſéde! Qu'avant de l'acquérir on lui préfère tout tandis qu'on la préfère à tout, après l'avoir acquiſe? Pourquoi n'a-t-elle pas le Privilége dans le cœur par le déſir, comme les paſſions vulgaires? Mais hélas! celui qui n'aime point la Patrie, ne défire pas de l'aimer. Il ne juge pas ce fentiment digne du moindre facrifice : fi, pour l'acquérir, il immoloit fes intérêts particuliers, il croiroit faire un marché de dupe. Il ne fait pas que, s'il étoit une fois animé de cette noble paffion, elle deviendroit pour lui la première de toutes les propriétés, & la plus chère de toutes les jouiffances ; que tous les autres biens lui paroîtroient vils & méprifables ; qu'il les donneroit tous, & fa vie même plutôt que de perdre le fentiment généreux qui en feroit le charme, la confolation & le bonheur.

On a vu toute la futilité de l'objection tirée de l'étendue de l'Etat, pour y maintenir des Nobles & des Ordres Privilégiés : certainement les Etats-Unis de l'Amérique ont bien plus d'étendue que le Royaume de France ; cependant ils ont eu le bon efprit

de proscrire toute espéce de Noblesse
parmi eux : qu'ils mettent une seule
personne à la tête du pouvoir exécutif, ce qu'ils feront sans doute obligés de faire tôt ou tard, sans Nobles & sans Ordres Privilégiés, ne
formeront-ils pas une véritable Monarchie ? Une Monarchie libre, espéce de Gouvernement qui n'a peut-
être pas encore existé, mais que je
regarde comme le meilleur de tous
& dont peut-être les Américains feront
les premiers à nous donner l'exemple ?

O vous qui, connoissant toute
l'étendue de vos Droits, ne pourrez
supporter la tyrannie & l'insolence
de vos égaux ; vous qui sentirez le
besoin impérieux d'avoir une Patrie,
& qui ne trouverez qu'une terre bar-
bare & oppressive dans les Climats
prétendus civilisés d'Europe ; quand
tous les vices d'un Gouvernement

destructeur péseront à la fois sur vous ; quand vous n'appercevrez de tous côtés que les traces cruelles & avilissantes de la servitude & de l'inégalité, vous entendrez le cri de la liberté qui vous appellera sur un autre hémisphère ; vous-vous empresserez de vous y rendre & de puiser dans son sein l'oubli de vos malheurs. Vous pleurerez sans doute en quittant votre terre natale : on n'abandonne point un père, un frère, un ami, sans verser bien des larmes ; vous-vous plaindrez au Ciel d'être forcés de traverser les Mers pour aller chercher une Patrie adoptive ; mais vous n'aurez plus à souffrir des mépris injustes & humilians de vos semblables. Vous croirez entrer & vous entrerez en effet dans une grande famille. Peut-être voudra-t-on s'opposer à ce qu'on appellera votre émigration ; mais souvenez-vous que le Pacte Social ne vous lie

qu'autant que vos coaffociés en rem-
pliffent toutes les conditions. Et de
quel droit prétendroit-on vous rete-
nir ? Qu'elle eft la Loi de la Nature
qui vous foumet à leur orgueil &
à leur baffeffe ? N'êtes-vous pas toujours les maîtres de brifer vos fers ?

Mais la Fra   ache à l'époque
d'une régénération prochaine; le Patriotifme s'eft emparé de tous les
efprits : nous allons avoir des Etats-
Généraux : & comment fe livrer à
l'efpoir de cette régénération, quand
on n'entend parler que de trois Ordres
de Citoyens ? Quand on nous dit
que les Etats-Généraux feront com-
pofés des Repréfentans de ces trois
Ordres ; quand on ne ceffe de dif-
püter fur leur nombre refpectif, &
fur la forme des délibérations.

D'abord, s'il exifte encore une
Nation parmi nous, c'eft dans l'ordre le plus nombreux que nous devons

la chercher ; car c'eſt la majorité qui la conſtitue. Les autres, par cela même qu'ils ont des diſtinctions & des intérêts différens, ne peuvent plus être regardés comme de vrais Citoyens : le Pacte Social eſt rompu pour eux ; ils ne ſont, dans l'Etat, que comme des Etrangers ou plutôt comme des ennemis ; quel droit ont-ils donc de voter à l'Aſſemblée Nationale ? Mais, ſuppoſons un moment qu'ils en ayent le droit ; qu'en réſultera-t-il ?

Le pouvoir légiſlatif appartient eſſentiellement à la Nation : c'eſt une choſe que nous avons démoſtrée, & qui paroît aujourd'hui généralement reconnue. Nous avons encore démontré que le vœu de la majorité formoit la volonté générale, & parconſéquent la Loi ; du moment où il eſt connu, tous les débats doivent finir : il ne reſte plus qu'à ſe ſoumettre réſiſter ſeroit un crime, parce que ce

feroit réfifter à la Loi. Si , lorfqu'il
s'agit d'interroger la volonté générale ,
on pouvoit affembler tous les individus qui compofent la Nation , il
n'eft pas douteux qu'on ne dût le
faire ; la chofe étant phyfiquement
impoffible dans un grand Etat, on
a imaginé la voie des Repréfentans ;
mais cette méthode ne doit fruftrèr
aucun individu du droit de donner
fa voix. Qu'eft-ce donc qu'un Repréfentant ? C'eft un Homme à qui les
Repréfentés difent : « Nous ne pou-
» vons pas nous rendre à l'Affem-
» blée Nationale ; mais nous vous
» chargeons d'y porter nos voix qui
» feront nombre avec la vôtre » ; &
alors ou ils expriment leur vœu par
les inftruaions qu'ils lui donnent ,
ou par la confiance qu'ils ont dans
leur Repréfentant, ils adoptent d'a-
vance le vœu qu'il formera lui-même ;
de manière que leurs volontés font

identifiées ; mais leurs voix ne le font
pas : elles doivent toujours compter
dans la fomme totale des voix d'où
réfultera le vœu national.

Ainfi, quoique l'Affemblée Nationale d'un Peuple compofé de vingt-
quatre millions d'individus, ne fut
formée que de mille Repréfentans;
il n'en faudroit pas moins tabler fûr
vingt-quatre millions de voix; autrement ce ne feroit plus une Affemblée Nationale, mais un vrai Con-
ciliabule de quelques Particuliers dont
les vœux réunis ne pourroient jamais
former le vœu national; d'où il fuit
que le Repréfentant d'un plus grand
nombre de Repréfentés apporteroit à
l'Affemblée un plus grand nombre de
voix effectives; &, comme toutes les
voix ont un même degré de valeur,
il devroit néceffairement l'emporter
fur celui qui n'auroit à oppofer que

les voix d'un moindre nombre de Repréfentés.

C'eſt donc bien inutilement qu'on
auroit diſputé pour ſçavoir ſi le Tiers-
Etat auroit plus ou moins de Repréſentans que les deux autres Ordres,
& ſi l'on délibéreroit par ordre ou
par tête : car, les deux Ordres Privilégiés formant à peine un million
d'individus, tandis que le Tiers-Etat
en a vingt-trois, il s'enſuit que de
quelque manière qu'on délibère, &
quel que ſoit le nombre de ſes Repréſentans, le Tiers Etat aura toujours
une majorité de vingt-deux voix contre
une. Or, ſi la voix de la majorité
conſtitue la volonté Nationale, & ſi
la volonté Nationale conſtitue la Loi,
le pouvoir Souverain, prétendre que,
dans aucun cas, la voix des deux autres Ordres puiſſe l'emporter ſur celle
du Tiers-Etat, c'eſt vouloir étouffer
la volonté Nationale, pour y ſubſti-

tuer celle de quelques individus qui n'ont pas même le droit de voter, & dont les intérêts sont directement contraires à ceux de la Nation.

Mais je suppose que les deux prétendus premiers Ordres, frappés de l'évidence de ces principes, renoncent à leurs préjugés, à leurs distinctions, à leurs Priviléges & à leurs immunités, & consentent à rentrer dans la Nation : celui qui devroit être le plus humble, & qui pourtant s'arroge la prééminence, n'en auroit pas plus le droit de voter à l'Assemblée Nationale.

On ne doit pas avoir oublié la distinction que j'ai faite du pouvoir législatif & du pouvoir exécutif; elle est fondée sur la nature même des choses. Il est de la plus grande importance que ces deux pouvoirs ne soient jamais confondus; car le Despotisme ou l'Anarchie en font les fuites inévitables. J'ai dit que ces deux pouvoirs réfidoient dans deux Corps, dont l'un compofoit la Nation & l'autre le Gouvernement; que ces deux Corps avoient chacun leur *moi*, leur vie particulière, & qu'ils ne devoient pas plus s'identifier dans leurs parties que dans leur tout, c'eft-à-dire qu'un Citoyen pouvoit paffer de l'un à l'autre, mais qu'il ne devoit jamais participer des deux à-la-fois. Je ne faurois trop répéter ce principe; car je le regarde comme la bâfe fondamentale, & le Palladium de toute bonne Conftitution.

Or, dans un Etat foumis à une religion dominante, le Clergé fait partie du pouvoir exécutif : ce pouvoir fe divife en trois grandes branches préfidées par le Roi : fçavoir, les Milices, la Magiftrature & le Clergé. Les Prêtres font donc les ferviteurs de la Nation, comme les

Militaires

Militaires & les Magiſtrats : ils ne
peuvent donc pas réunir ſur leur tête
le double caractère de ſerviteurs &
de maîtres. Ce ſeroit un vice monſtrueux, qui ſuffiroit pour ſapper les
fondemens de la meilleure Conſtitution. Nous ſemblons avoir reconnu
cette vérité par inſtinct, puiſque nous
ne permettons point que les Militaires ni les Magiſtrats députent aux
Etats-Généraux. Pourquoi donc le
Clergé jouiroit-il d'un droit que
n'auroient pas les deux autres branches du pouvoir exécutif? Que ne les
admet-on toutes les trois au nombre des votans; l'inconſéquence ni
l'abſurdité n'en ſeroient pas plus
grandes.

Les Politiques qui ne voyent dans
les Etats-Généraux qu'une Aſſemblée
de contribuables; qui s'imaginent
que la grande affaire de l'Impôt, eſt
la ſeule choſe qui doit les occuper;

me diront peut-être que le Clergé doit entrer aux Etats-Généraux parce qu'il eſt grand propriétaire; mais, ſi ſa qualité de Membre du Pouvoir exécutif l'en exclut impérieuſement, pourquoi n'attendroit-il pas le vœu de la Nation, auquel il ne peut ni ne doit participer ? Quels intérêts a-t-il à défendre contre la volonté de la Nation?

D'ailleurs, eſt - il vrai que les Prêtres ſoient réellement Proprié-taires? Mais, s'ils l'étoient, ils auroient le droit d'aliéner leurs poſſeſſions; de les vendre, de les ſubſtituer, de les donner par teſtament. Ils ne ſont donc pas Propriétaires des biens im-menſes, qui ſont entre leurs mains; puiſque la manière dont ils les poſ-ſédent n'offre aucun des caractères de la propriété. Ces biens appartien-nent donc à la Nation, qui peut les reclamer quand elle le voudra, ſans

attenter au droit de propriété d'aucun de ses Membres ; car ces biens ne
peuvent être confidérés que comme
le falaire des fervices des Prêtres :
or la Nation eft toujours la maîtreffe
de payer ceux qui la fervent, de la
manière qu'elle croit la plus convenable à fes intérêts : fi jufqu'à préfent elle a bien voulu payer les
Prêtres en ufufruit de poffeffions territoriales, qui peut lui contefter le
droit de changer cette méthode,
& de fixer aux Prêtres des appointemens qui leur feront payés fur le
Tréfor Public ?

Le Corps exécutif, comme je l'ai
déjà dit, doit être le ftipendié du
Corps légiflatif : aucun des Membres
qui le compofent ne doit avoir de
propriété dans l'Etat ; car, s'il a des
propriétés, il participe néceffairement
au pouvoir légiflatif, par le droit
de contribuer ; &, comme il eft d'un

autre côté Membre du pouvoir exé‑
cutif, il s'enfuit qu'il participe à la
fois aux deux pouvoirs; ce qui trou‑
ble, confond & dénature tous les prin‑
cipes d'une faine Politique, & tôt
ou tard plonge la Nation dans les
défordres de l'Anarchie, ou dans les
fers du Defpotifme; car il n'y a plus
de proportion entre les Citoyens. C'eft
un vice radical; l'Etat le mieux
conftitué ne peut réfifter à l'action
lente ou accélérée d'un abus qui
l'attaque dans les deux refforts qui
le font mouvoir.

Il faut cependant que les individus
paffent d'un Corps à l'autre: car il
eft de toute néceffité que le Corps
exécutif, choififfe fes Membres dans
le Corps légiflatif; & il faut auffi
qu'on puiffe rentrer dans le Corps
légiflatif, quand on ceffe d'être Mem‑
bre du Corps exécutif. C'eft en ceci
que confifte toute la difficulté; faut‑

il qu'un Citoyen qui a le bonheur d'être admis à servir l'Etat comme Membre du pouvoir exécutif, perde toutes les propriétés qu'il possède, & ne puisse les recouvrer lorsqu'après de longs services, il revient à son premier poste de simple Citoyen ? Il n'est pas sans doute nécessaire qu'il les perde : elles peuvent rester en dépôt entre les mains de la Nation ; &, quand il en conserveroit la jouissance, il ne faudroit pas encore qu'il eût le droit de voter.

Mais ces difficultés auxquelles on peut sans doute remédier, n'existent point pour les Prêtres ; le Sacerdoce leur imprime un caractère indélébile ; par conséquent ils sont appellés à servir la Nation, toute leur vie ; &, comme le célibat qu'ils s'imposent, ne leur permet pas de laisser des enfans qui puissent le remplacer dans le Corps législatif ; ils n'ont ni ne doivent avoir aucune espéce de propriété.

C'est au Corps législatif, je le répéte encore, à stipendier tous les Membres du Corps exécutif; il doit donc avoir en main toutes les richesses territoriales, parce qu'il doit payer tous les frais du Gouvernement. C'est en lui seul que réside la Souveraineté, parce que son vœu forme la volonté Nationale; c'est-à-dire la Loi, le pouvoir souverain & irrésistible, qui doit être l'âme de tout le Corps Politique. Le droit de contribuer qui, dans les Etats despotiques ou anarchiques, est une véritable concussion à laquelle on ne se soumet qu'avec la plus extrême répugnance, forme donc un des plus beaux Priviléges des Etats libres & bien organisés; car il associe le contribuant au pouvoir souverain. On n'a rien à soi : tout est à la Patrie.

Plus on donne & plus on voudroit donner; c'est le cas de dire :

Qu'on s'enrichit du bien qu'on fait à ce qu'on aime.

D'un autre côté, les Membres du Corps exécutif ne font pas moins attachés à la Patrie, parce qu'ils lui doivent tout. Si les autres ne penfent jamais avoir affez donné pour elle; ceux-ci ne croyent jamais l'avoir affez bien fervie. Nulle idée de mercénarité ni de vénalité n'entre dans le calcul de leurs fervices, parce qu'ils favent que les intérêts de la Patrie font les leurs, & que les leurs font ceux de la Patrie.

Mais eft-ce au milieu des débats de l'intérêt perfonel, qu'on doit parler du fentiment le plus fublime & le plus doux qui foit jamais entré dans le cœur de l'Homme? Quand j'aurois le bonheur de faifir quelques-uns de fes traits, qui pourra juger de la reffemblance, & qu'a de commun ſon langage avec celui des préjugés & des paſſions ſerviles ?

C'eſt donc ſur le Tréſor Public que doivent être payés les ſervices rendus à la Patrie. Des ſervices communs à tous, doivent être payés en commun ; perſonne ne doit les payer ; car tout le monde les paye : en effet tout le monde a beſoin d'être défendu contre les ennemis de l'Etat ; de mettre ſa perſonne & ſes biens ſous la protection des Tribunaux, & de trouver des Miniſtres dépoſitaires du culte National, qui lui facilitent l'obſervation des cérémonies & des rites preſcrits par la Religion qu'il profeſſe ; mais il ſeroit abſurde & impolitique de donner des poſſeſſions territoriales à tous ces divers Membres du pouvoir exécutif ; car ce ſeroit les aſſocier au pouvoir légiſlatif, auquel ils ne doivent nullement participer, ſi l'on veut maintenir un

équilibre falutaire entre les deux pouvoirs, & les empêcher de se détruire.

D'après ce que je viens de dire,
on ne doit pas être furpris que le
Clergé fe regarde comme le premier
Ordre de l'Etat : il l'eft en effet,
puifqu'on a la complaifance de lui
laiffer réunir les deux pouvoirs : &,
s'il eft vrai, comme on le dit, qu'il
poffède la moitié des biens fonds
du Royaume, la Nation n'auroit qu'à
payer de cette manière fes autres
ferviteurs, les Militaires & les Ma-
giftrats, & il fe trouveroit que ces
prétendus ferviteurs, devenus fes maîtres, par fa propre imbécilité, pourroient la forcer à mourir de faim
ou à ne vivre que de leurs aumônes :
c'eft ce que le Clergé n'a pas laiffé
que d'exécuter en grande partie.

Eft-ce pour fe moquer qu'on nous
parle de régénération, toutes les
fois qu'on ne parle pas de la fup-

preſſion d'un abus auſſi monſtrueux ? Certes, malgré tout ce qu'on nous dit de ce ſiécle de lumières, je croirois que nous ayons encore toute la ſtupidité de nos ayeux, ſi la première réſolution des Etats-Généraux ne tendoit à écarter à jamais le Clergé de ces ſortes d'Aſſemblée, à le faire rentrer dans ſes juſtes limites & à rendre à la Nation des biens trop long-temps uſurpés, mais dont jamais elle n'a ceſſé d'être Propriétaire : perſonne n'a le droit de lui preſcrire des loix, puiſque c'eſt elle qui fait les loix, & qui les change quand il lui plaît. Quelle que ſoit l'autorité ſpirituelle des Prêtres, ils ne ſont dans l'Ordre Politique que les ſerviteurs temporels de la Nation. Ils ne peuvent donc pas participer au pouvoir légiſlatif. Ce ſeroit vouloir aſſervir la Nation à un Deſpotiſme théocratique, mille fois plus pernioieux que le Despotisme ministériel.

Cette réforme n'est pas moins importante pour le bien de la religion & des mœurs : il est temps de mettre un frein au luxe scandaleux, à l'insatiable cupidité de ces prétendus Apôtres, dont la conduite contraste si singulièrement avec leur doctrine. Ils nous disent eux-mêmes que leur Royaume n'est pas de ce monde; pourquoi donc se mêlent-ils des affaires de de monde ? Ne diroit-on pas que nous ignorons absolument la signification du mot *Citoyen*, lorsque nous le donnons à un troupeau de célibataires ? Le premier devoir d'un Citoyen n'est-il pas de voter la conservation & la prospérité de l'Etat ? Des gens qui se vouent au célibat peuvent-ils donc être regardés comme Citoyens ? Ils seront plus, si l'on veut, ils seront les aristocrates de la Cité de Dieu; mais qu'ils se bornent à cette fuprématie fpirituelle; ce feroit entièrement l'avilir, que de l'affocier aux dignités temporelles; ce feroit ne nous offrir que, les créatures les plus méprifables dans des hommes qui devoient être l'objet de notre vénération. Par cet horrible mêlange, ils deviendroient à-la-fois l'opprobre de la Religion & de la Société.

Tel eft cependant le fpectacle révoltant, dont le luxe & la mondanité des Prêtres ne ceffent de fouiller nos regards. Auffi, fi leur divin inftituteur revenoit fur la terre, il n'auroit plus à chaffer les vendeurs du Temple, mais fans doute il les en chafferoit eux-mêmes. Il le purgeroit de ces intrus apoftoliques qui, fous prétexte de le fervir, ne ceffent de le profaner. Jufqu'à quand tolérerons nous cette incroyable dépravation dans le plus faint de tous les Mi-

niftères? Jufqu'à quand fouffrirons-
nous que des Pontifes prévaricateurs
ufurpent la confidération Publique?
Eft-ce de la moitié de fes biens que
la Nation doit payer les défordres
de ces indignes & infolens ferviteurs
qui, loin de l'édifier, la corrompent
& la déshonorent? Eft-ce de la moitié
de fes biens qu'elle doit payer ces
indignes ferviteurs, qui traînent
dans la boue le figne révéré de fon
culte, qui font de la maifon du Sei-
gneur une véritable proftituée?

Et l'on nous parle de régénérer
l'Etat! Et des Auteurs très-diferts
n'élévent pas le moindre doute fur
les prétentions de cette claffe dégra-
dée! de cette claffe tellement avilie,
qu'on eft réduit à fe plaindre de la
pauvreté de la langue, puifqu'elle
ne fournit pas d'expreffion propre
à caractérifer fon aviliffement! Ils
la couchent toujours au premier rang

dans de fort beaux Mémoires, fur la tenue des Etats-Généraux. Il ne leur vient pas même en idée de mettre en queſtion ſi elle doit y entrer? S'il n'eſt pas de ſa nature d'en être à jamais éloignée?

Sera t-elle donc régénérée, la Nation, lorſqu'elle aura payé les longues déprédations du Miniſtère? Cet acte d'une obéiſſance purement paſſive lui rendra-t-il l'exercice de ſon pouvoir légiſlatif; que ſignifient tous ces plaidoyers en faveur du Tiers-Etat? Qu'importe qu'on lui diſe qu'il eſt la Nation, ſi l'on entend toujours le ſubordonner à deux claſſes privilégiées? N'eſt-ce pas joindre l'inſulte à la dériſion? N'eſt-ce pas imiter cette Nation guerrière, qui couvroit les Rois de leurs plus beaux ornemens, pour les traîner Captifs à la ſuite du Char de triomphe? Si l'on veut effectivement régénérer l'Etat ; que ne lui dit-on que le premier pas pour avoir une bonne conſtitution, c'eſt de faire rentrer dans le ſanctuaire, des hommes qui n'auroient du jamais en ſortir ; de les forcer à s'y purifier des longues erreurs d'une vie ſcandaleuſe, &, puiſqu'il eſt inutile de parler de Patriotiſme à un Peuple qui ne connoît que les calculs de l'intérêt perſonel, pourquoi ne s'attache-t-on pas à prouver que les Nobles, le Tiers-Etat, & même ce qu'on appelle le *Bas Clergé*, ſont également intéreſſés à voter cette réforme indiſpenſablement néceſſaire, & ſans laquelle il eſt inutile de parler de Conſtitution ?

Sous le bon plaiſir de la Nation, le Clergé poſſéde, ou plutôt il jouit de la moitié des biens-fonds du Royaume ; cependant le bas Clergé n'eſt point riche : il eſt preſque forcé de vivre d'induſtrie : d'imaginer des pratiques ſuperſtitieuſes, pour mettre à contribution la pieuſe imbécillité du Peuple ; ou d'exercer de véritables concuſſions, telles que de faire payer les Baptêmes, les Meſſes, les Enterremens, &c. &c. C'eſt donc en dernière analyſe entre les mains du haut Clergé que réſide cette immenſité de richeſſes. Ce haut Clergé n'eſt pas fort nombreux. Il conſiſte en quelque centaine d'individus , Evêques, Archevêques ou gros Abbés, qui tous appartiennent aux familles les plus diſtinguées de la Nobleſſe.

Maintenant ſuppoſons que tous ces biens rentrent dans la maſſe commune, & puiſqu'il faut mettre de côté l'intérêt de la Patrie pour ne compoſer qu'avec les intérêts les plus ſordides, voyons quels ſont les plus maltraités. Le bas Clergé, loin de perdre à ce changement, ne peut

qu'y

qu'y gagner, puifqu'étant le plus utile
à la Nation, elle lui fixera des appointemens convenables, & conformes
à fon utilité. D'ailleurs fes ariftocra-
tes ne l'enchaîneront plus aux der-
niers rangs de la hiérarchie Ecclé-
fiaftique ; le bas Clergé doit donc
folliciter ardemment une réforme qui
lui feroit fi avantageufe.

Le gros de la Nobleffe qui ne peut
afpirer à voir fes enfans, devenir
Evêques ni Archevêques, n'a non plus
aucun intérêt à s'oppofer à cette réforme : cette Nobleffe a pour elle,
à la vérité, les Prieurés & les Ca-
nonicats, qui ne font pas à négliger :
c'eft une efpéce de *fretin*, que la
grande Nobleffe lui abandonne; mais,
fi elle fait attention qu'il faut com-
bler un énorme déficit ; que, malgré fes parchemins, il faudra que
fes revenus & fes propriétés y con-
tribuent, & que la rentrée de la

G

ſomme totale des biens Eccléſiaſtiques dans l'Etat, pourroît lui être plus avantageuſe que l'expeɗative incertaine, d'un Canonicat ou d'un Prieuré; que d'ailleurs les Evêchés & les Archevêchés, étant devenus moins lucratifs, ſans être moins honorables, pourroient ſe trouver à ſa convenance; peut-être, après un peu de réflexion, verroit-elle qu'il eſt de ſon intérêt de voter pour la réforme propoſée.

Reſte donc la haute Nobleſſe: c'eſt-à-dire quelques familles qui ſont en poſſeſſion de dire: mon frère l'Archevêque, mon oncle l'Abbé. Celles-ci, par exemple, auroient quelque peine à ſe déterminer. Cependant il en eſt beaucoup dont la fortune n'a nullement beſoin de l'appui d'un bénéfice; &, qui d'ailleurs ne réuſſiſſent pas toujours dans leurs eſpérances; car il n'eſt pas rare de voir des Evêques dépenſer

tous leurs revenus, & même au-delà.
Il feroit donc poffible que quelques-
uns de ces Nobles diftingués, fi ce
n'eft par patriotifme, du moins par
ce fentiment de l'honneur qu'ils prétendent leur appartenir exclufive-
ment, fiffent le facrifice de leurs
prétentions aux revenus Eccléfiafti-
ques.

Quant au Tiers-Etat, il n'eft pas
néceffaire de dire qu'il ne peut lui
rien arriver de plus avantageux: qu'il
doit le vouloir, l'exiger, j'ai prefque
dit l'ordonner; & que, puifqu'il eft
la Nation, tous les intérêts doivent
fléchir devant le fien.

Aucun Prêtre échappé de fon fein
ne parvient jamais aux premières dignités de l'Eglife : les autres ont toujours grand foin de l'en écarter. Si
par hazard il s'y en gliffe quelqu'un,
ils font tout ce qu'ils peuvent pour
l'en exclure. Ils le regardent comme

un intrus : ils ont l'impertinence de l'appeller *Evêque de Fortune* ; mais qu'êtes-vous, vous-mêmes, indignes raviſſeurs des biens de l'Etat ? Eſt-ce votre mérite, vos vertus, votre ſainteté qui vous ont placés ſur le Siége Epiſcopal ? Seroit-ce l'étendue de vos lumières ? Eſt-il vrai que vous ſachiez lire (1) ? Que ſignifie cette morgue inſolente dans des hommes dont le chef s'intitule le très-humble ſerviteur des ſerviteurs de Dieu ? Cette cupidité ſordide dans des hommes qui nous diſent que nous devons faire abnégation de tout , ce luxe ſcandaleux, ces mœurs diſſolues, cet Egoïſme atroce......; elles ſont donc incurables, la ſotiſe & l'imbécillité humaines, puiſqu'on veut tolérer encore des abbus auſſi monſtreux !

____

(1) Jacques Boileau, Docteur de Sorbonne, écrivoit tous ſes Ouvrages en latin, *de crainte*, diſoit-il, *que les Evêques ne les cenſuraſſent.*

Des Militaires convaincus d'avoir trahi les intérêts de la Nation, seroient punis du dernier suplice: des Magistrats criminels dans leurs fonctions seroient également punis; & l'on autoriseroit une licence effrénée dans les Prêtres! il leur seroit permis de se livrer à tous les désordres proscrits par leur Doctrine; de violer impunément tous leurs devoirs, & de manquer au but de leur institution! La Nation est-elle donc moins intéressée à surveiller cette troisiéme Branche du pouvoir exécutif? Ceux qui la composent ne sont-ils pas ses serviteurs comme les autres? Leurs prévarications sont-elles moins funestes à la prospérité de l'Etat?

Puisque la Nature du dépôt qui leur est confié leur interdit la possession des biens terrestres, ne prévariquent-ils point, toutes les fois qu'ils possédent d'immenses richesses? Puisqu'elle les foumet à donner l'exemple des privations, ne prévariquent-ils point, toutes les fois qu'ils affichent un luxe fcandaleux ? Puifqu'elle les oblige à profeffer l'Humilité chrétienne, ne prévariquent-ils point, toutes les fois qu'ils fe montrent infolens & fuperbes ? *Faites ce que nous vous difons ; mais ne faites pas ce que nous faifons.* Telle eft la maxime qu'ils ont l'effronterie de débiter au Peuple, & le Peuple imbécile répéte avec toute la ftupidité moutonière des bêtes : *Il faut faire ce qu'ils nous difent, mais ne pas faire ce qu'ils font !*

Faites ce que nous vous difons, c'eft-à-dire foyez pauvres & miférables, tandis que nous regorgerons de biens ; foyez humbles, tandis que nous aurons le privilége d'être infolens ; abftenez vous de tout, tandis que nous jouirons de tout. Ne fommes-nous pas les maîtres de faire ce qui nous plaît ;

Eſt-ce à vous de jetter un œil ſcru-
tateur ſur notre conduite ? Citoyens
& Monarques obéiſſez ; vos Loix ne
ſont pas faites pour nous.

Il eſt tems que ces hommes au-
dacieux reconnoiſſent la ſouveraineté
de la puiſſance légiſlative. Pour que
tout rentre dans l'ordre, il faut que
cette puiſſance unique & ſouveraine
ſoit dégagée de tout ce qui n'eſt pas
elle. Que les trois Branches du pouvoir exécutif ayant le Monarque à
leur tête, ſe préſentent enſuite pour
recevoir de ſes mains les dépôts qu'elle
veut bien leur confier. Elle les remet
au Monarque qui tranſmet au Clergé
celui du Culte National, aux Magiſtrats celui des Loix, & aux Militaires celui de la défenſe de l'Etat.

Mais comment le Clergé recon-
noîtroit-il la ſouveraineté de la puiſſance légiſlative, s'il en faiſoit partie
N'étoufferoit-on pas entièrement cette

puissance, si l'on admettoit dans sa composition un corps aussi hétérogène ? Le Clergé , qui par sa Nature, doit être subordonné à la Nation & au Monarque , ne se trouveroit-il pas supérieur à tous les deux ? Il n'y auroit que lui de souverain dans l'Etat. Telle est cependant la perspective que nous laisse son admission aux Etats-Généraux. D'un autre côté les Nobles qui, pour la plûpart, sont Militaires, ou se regardent comme composant le Militaire à eux seuls, y siégeront. Les Magistrats ne renoncent point au Droit d'y être admis, sinon en corps, puisqu'ils n'ont plus la prétention d'y représenter le Tiers-Etat, du moins comme Députés : de manière qu'au lieu d'appercevoir dans les Etats - Généraux une Assemblée régulière & Nationale ; nous n'y voyons qu'un vrai cahos, une effroyable confusion des deux pouvoirs, dont toutes les parties, loin de s'unir ſe repouſſent, & ſe refuſent à toute eſ-péce d'Organiſation.

Les corps homogènes ſont les plus ſolides, au phyſique ; il en eſt de même au moral : la puiſſance légiſla-tive eſt le réſultat de l'homogénité morale. Vous la détruiſez, toutes les fois que vous voulez y faire entrer des parties incohérentes. Aucun Mem-bre du pouvoir exécutif ne doit en-trer aux Etats-Généraux. Il ne doit pas même être électeur, puiſqu'être électeur c'eſt participer au pouvoir légiſlatif. On peut même dire que l'électeur aſſiſte à l'Aſſemblée Na-tionale ; car, pour y aſſiſter, il n'eſt pas néceſſaire d'y être corporellement préſent. C'eſt la voix qui conſtitue la préſence : or le Repréſentant y porte les voix des Repréſentés; ils y aſſiſtent donc auſſi complettement que s'ils y étoient eux-mêmes : autrement

ee ne feroit plus une Affemblée Nationale. Si les Membres du pouvoir
exécutif avoient le droit d'être électeurs, ils affifteroient donc aux Etats-
Généraux , & il en réfulteroit toujours la confufion des deux pouvoirs.
Par conféquent ils ne doivent être
ni électeurs ni élus. Je crois avoir
rendu cette vérité fenfible pour tout
le monde; &, fi je fuis furpris de quelque
chofe, c'eft d'être le premier à la dire :
c'eft de voir que tous nos Ecrivains
fe foient amufés à traiter les Queftions
les plus oifeufes , fans s'appercevoir
qu'ils jettoient inutilement de l'encre
fur le papier, & qu'ils ne touchoient
nullement à la caufe du mal.

Je fuis donc bien loin de partager
avec eux les grandes efpérances qu'ils
ne ceffent de donner à la Nation. Je
ne vois dans tout ce qu'on a fait &
dans tout ce qu'on fe propofe de faire ,
qu'un malade qui fe tourne dans fon

lit pour chercher une position moins douloureuse & qui se retrouve toujours avec le sentiment de ses souffrances.

Mais, dira-t-on, si l'on ôtoit aux Prêtres les biens qu'ils possédent pour y substituer des appointemens, ne faudroit-il pas restituer ces mêmes biens aux héritiers des pieux Fondateurs qui, dans des temps de superstition & d'ignorance, crurent gagner le Ciel en dotant si richement l'Eglise ?

Si nous n'avions plus que cette objection à combattre, elle ne seroit pas, je crois, bien difficile à résoudre. Je ne vois pas sur quoi pourroit-être fondée une pareille réclamation. Les biens Ecclésiastiques ne sont grevés, ni de substitution, ni de *fidéi-commis* : ils ont été donnés purément & simplement. Pour qu'ils dussent revenir aux héritiers des donateurs, il faudroit qu'il y eût une claufe dans l'acte de donation qui le portât expreffément ; mais les Prêtres qui préfidoient autrefois à la rédaction des teftamens de ceux dont ils captoient l'héritage, fe gardoient bien fans doute de faire infėrer de pareilles claufes, dans le titre confirmatif de leurs pieufes excroqueries.

D'un autre côté, les pécheurs contrits & moribonds, qui dépouilloient leurs enfans pour doter les Eglifes, étoient trop occupés du Ciel ou de l'enfer, pour fonger à une poftérité qui, vraifemblablement ne les intéreffoit guères. S'il leur arrivoit de jetter encore un regard vers cette miférable vallée de larmes, quatre ou cinq paroles du Confeffeur achevoient de les purifier de toute affection terreftre. Ils auroient cru douter de la perpétuité de l'Eglife, s'ils ne lui avoient pas donné leurs biens à perpétuité.

Maintenant on ne prétendra pas, peut-être, que la Nation appartient à l'Eglife; il eft un peu plus raifonnable de croire que l'Eglife appartient à la Nation, &, fi elle lui appartient, les biens qui en dépendent doivent néceffairement lui appartenir. C'eft donc à la Nation qu'ont été faites toutes les donations qu'on a faites à l'Eglife.

Je fuppofe que la Nation voulût abjurer le Chriftianifme pour adopter la Loi de Mahomet, perfonne, je crois, ne pourroit l'en empêcher. Alors plus d'Eglife Gallicane : l'Eglife appartient donc à la Nation puifqu'il eft libre à la Nation de la conferver ou de l'anéantir : à plus forte-raifon lui eft-il permis d'en féparer les biens & d'en changer le régime. C'eft une chofe qu'elle peut faire fans attenter à la propriété de qui que ce foit ; mais qu'elle ne feroit pas fans doute ſi elle attendoit le conſentement du Clergé.

En effet ne ſeroit-il pas tout auſſi facile de changer le cours de la Na-ture, que d'engager des Prêtres à renoncer eux-mêmes à leurs immu-nités, à rendre à la Nation des biens qui ne peuvent ni ne doivent leur appartenir ? Ne les défendront-ils pas *unguibus & roſtro ?* Mais le Peuple n'a qu'à vouloir, & le Clergé deviendra ce qu'il doit être : donnez-nous donc un Peuple aſſez énergique pour vou-loir, & pour ſentir toute la force de ſa volonté.

Point d'organiſation, point de Conſtitution, point de régénération, ſi le Clergé participe à la puiſſance legiſlative. Pour qu'il ceſſe d'y par-ticiper, il faut qu'il ceſſe d'être pro-priétaire ou du moins uſufruitier de poſſeſſions territoriales. Il faut qu'il ſoit payé ſur le tréſor public comme

toutes

toutes les autres branches du pouvoir exécutif : encore ſa nature anti‑citoyenne & par conſéquent antipatriotique ſeroit‑elle toujours un vice dans l'Etat, qu'on ne pourroit corriger qu'en donnant aux Prêtres la permiſſion de ſe marier.

La coalition de la Nobleſſe & du Clergé ne peut donc être regardée que comme une véritable confédération contre la Patrie : c'eſt le ſyſtême le plus antiſocial qu'il ſoit poſſible d'imaginer ; car les Nobles, à proprement parler, n'ont pas de caractère : unis avec le Peuple, il faut qu'ils deviennent Citoyens, parce que le Peuple ne peut être que Ci‑toyen ; mais, par la même raiſon, il faut qu'ils deviennent Clergé, lorſqu'ils s'uniſſent au Clergé, parce que le Clergé ne peut être que Clergé. Dans l'état actuel des choſes, la Nobleſſe peut donc adopter l'eſprit des deux autres Ordres; mais les deux autres Ordres ne peuvent adopter l'esprit de la Noblesse.

Otez le Clergé, vous otez à la Noblesse un des plus grands obstacles qu'elle ait à surmonter pour devenir Citoyenne; car la coalition est presque inévitable entr'elle & le Clergé.

Mais les Nobles doivent-ils participer au pouvoir législatif? C'est ce que nous allons examiner; & d'abord nous demanderons qu'est-ce que la Noblesse? On embarrasseroit bien un Sauvage, si on lui faisoit une pareille question; je doute qu'on pût jamais lui faire comprendre ce que nous entendons par le mot Noblesse. Nous-mêmes, de l'existence du mot, nous concluons gratuitement celle de la chose; &, parce que nous sommes accoutumés à nous payer de mots, nous n'examinons point si l'objet qu'ils qu'ils défignent exifte réellement dans la Nature : l'idée que notre efprit s'en forme prend dans notre jugement le caractère de la réalité. D'où il fuit que nous admettons comme réellement exiftant, ce qui n'exifte réellement pas : c'eft ce qu'on appelle réalifer des abftractions : & c'eft auffi la plus grande fource de nos erreurs & de nos préjugés.

Qu'un homme faffe une belle action ; cette belle action ne change rien à fa Nature : il eft, après l'avoir faite, ce qu'il étoit auparavant. C'eft feulement un homme qui a fait une belle action : mais, pour le récompenfer, on le déclare Noble ; ce que la belle action n'a pu faire, certainement ce titre ne le fera pas ; parce qu'il n'a rien de commun avec fon individu. En lui donnant la Nobleffe, on ne lui a donc rien donné. Ce n'eft toujours qu'un homme qui a fait une belle action.   H

Un autre eſt devenu riche : qu'importe ? Son argent n'eſt pas lui ; lui n'eſt pas ſon argent. Ce ſont deux choſes d'une nature abſolument différente. C'eſt ſeulement un homme qui a de l'argent. Avec cet argent, il achéte des Lettres de Nobleſſe : le parchemin qu'on lui donne en échange de ſes eſpéces, n'a pas plus de rapport avec lui que l'argent qu'il a donné pour ſe le procurer. En achetant la Nobleſſe, il n'a donc pas fait une acquiſition effective, puiſqu'il eſt toujours ce qu'il étoit auparavant : la ſeule différence qu'on peut y remarquer, c'eſt qu'il n'avoit point de parchemin, & que maintenant il en a, cette modification dans ſes fonds, n'en a fait aucune dans ſon individu.

La Nobleſſe ne met donc pas une différence ſpécifique entre les hommes, puiſqu'après l'avoir acquiſe, on est précisément ce qu'on étoit avant que de l'acquérir. Mais qu'est-ce donc que la Noblesse ? Une chose idéale ; une abstraction métaphysique, qui n'a d'exiſtence que dans notre imagination & nullement dans les individus auxquelsnous l'appliquons. En effet, notre esprit peut concevoir des hommes d'une nature ſupérieure à celle d'autres hommes ; il peut donner à ces êtres fictifs, le nom de Nobles ; mais cette différence n'exiſtant point dans la Nature, donner à des hommes réels, le nom de Nobles, & leur prêter l'excellence que ce mot déſigne dans notre esprit, c'est réaliſer une abſtraction : c'est admettre comme phyſiquement exiſtant, ce qui n'a ni ne peut avoir qu'une exiſtence métaphyſique.

Telle est l'origine du préjugé de la Nobleſſe : il est le fruit d'une erreur de notre entendement ; erreur qu'il nous importe essentiellement de rectifier. Mais mon dessein n'est pas de m'embarquer dans une discussion métaphysique; j'en ai dit assez pour ceux qui sont dans le cas de m'entendre; &, quelque étendue que je donnasse à mes idées, je ne me flatterois pas de me rendre intelligible aux autres.

Si l'excellence individuelle, fondée sur l'acquisition de la Noblesse, est une chose purement idéale, comment l'Ennobli pourroit-il transmettre à ses enfans une excellence qu'il n'a point; & par quelle étrange absurdité préférerions-nous une perfection progressive aux descendans vrais ou supposés d'un homme physiquement égal aux autres, & dont bien certainement un parchemin n'a pu changer la Nature? C'est le comble de l'extravagance. Je ne sais comment concilier la Raison avec la plus grande de toutes les inepties, & j'avoue, en mon particulier, qu'il me fera toujours impoſſible de croire aux progrès des lumières, tant que l'eſprit humain perſiſtera dans une pareille imbécillité.

Mais le fils d'un homme qui s'eſt rendu recommandable par de belles actions doit être diſtingué des autres : & pour quelle raiſon, je vous prie ? Eſt-ce afin qu'il ſe diſpenſe lui-même de faire de belles actions ; & qu'il ne ſe donne pas la peine de mériter une conſidération qu'il obtient ſans l'avoir méritée ? D'ailleurs ſon Père étoit un individu ; lui en eſt un autre. Il ſeroit tout auſſi raiſonnable de prendre le premier-venu, & de lui dire, nous allons vous honorer parce qu'un tel, mort depuis tant d'années, à fait une belle action. En effet, l'homme forme un tout à lui ſeul ; il eſt indépendant de ce qui le

précéde & de ce qui le ſuit. Raſſemblez pluſieurs unités numériques :
chacune a ſon exiſtence virtuelle &
indépendante ; il en eſt de même des
individus : ce ſont des unités numé-
mériques : nous les lions mentale-
ment dans notre eſprit par une chaîne
généalogique ; mais cette chaîne
idéale n'exiſte point dans la Nature,
puiſque les individus y ſont parfaitement iſolés.

Il eſt donc abſurde d'honorer un
individu pour les belles actions qu'a
pu faire un autre individu ; mais il
eſt faux que les belles actions ſoient
le principe de cette conſidération
héréditaire ; car un homme pourroit
avoir fait les plus belles actions du
monde ; s'il veut que ſes enfans ſoient
diſtingués, il faut qu'il ſe procure
un parchemin qui le déclare Noble :
autrement il leur verroit préférer
ceux du premier fripon à qui

d'heureuſes rapines auroient fourni le moyen d'acheter le parchemin ennobliſſeur. Combien de grands hommes dans tous les genres, dont la poſtérité ne jouit d'aucune diſtinction , tandis que nous prodiguons des hommages ſtupides à celle des Publicains & des Maltotiers ? Le préjugé de la conſidération héréditaire ne repoſe donc pas ſur le ſentiment exalté de la reconnoiſſance. Il appartient excluſivement à un genre de ſottiſe qu'on ne ſait comment caractériſer.

On ne peut s'empêcher d'admirer & d'honorer un grand homme , mais on n'étendra jamais ces ſentimens juſqu'à ſes enfans ; & , quand on le feroit , les véritablement grands hommes ſont aſſez rares pour qu'un pareil abus ne tirât point à conſéquence. Quant aux hommes revêtus du pouvoir , ou d'une charge éminente, ce pouvoir & cette charge leur font parfaitement étrangers. Ils n'ont que trop de penchant à les identifier avec eux, & le Public n'en fait pas toujours la différence ; cependant elle n'en exifte pas moins. De-là ce vers fi profondément philofophique de Corneille.

Pour être plus qu'un Roi, te crois-tu plus qu'un homme ?

En effet, foyez Magiftrat, Duc, Prince, Roi, tout cela n'eft pas vous. Faire entrer toutes ces Dignités dans la compofition formelle de vous-même, c'eft vouloir que l'habit dont vous êtes revêtu faffe partie de votre corps. Vous êtes individuellement un homme égal aux autres ; & quelque chofe que vous faffiez dans le court efpace de votre durée éphémère, il vous eft impoffible de changer de Nature. Je fuis honteux de répéter des vérités auffi triviales ;

mais combien de gens n'ont-ils pas besoin qu'on les avertisse qu'ils sont des hommes comme les autres ? Et, quoique bien avertis, combien n'y en a-t-il pas qui meurent sans l'avoir jamais cru ?

Etre homme est un état qui n'admet pas de plus ni de moins ; on l'est, ou on ne l'est pas ; & il suffit de l'être, pour l'être autant qu'un autre. Il n'est donc point de bâse réelle sur laquelle on puisse asseoir une distinction qui n'existe point dans la Nature. Les avantages corporels, ceux même de l'esprit ne sçauroient constituer cette différence ; car, quelque précieux qu'on suppose ces avantages, ils sont toujours une dépendance de la qualité d'homme. Ce n'est que parce qu'on est homme, qu'on a de la force, de l'esprit, du génie, de la vertu même, &c. Etre homme est donc le premier de tous les titres :

c'eſt le ſeul dont nous puiſſions nous glorifier ; tous les autres lui ſont ſubordonnés : on ne peut les conſidérer que comme des acceſſoires étrangers au principal. Or le principal eſt la meſure commune ; le reſte ne nous appartient ni ne peut nous appartenir.

Le préjugé de la Nobleſſe, ſoit perſonnelle ſoit héréditaire, eſt donc une des plus grandes abſurdités qu'on puiſſe imaginer ; mais de ce qu'il exiſte il ne faudroit pas en conclure qu'il doit exiſter. Ce ſeroit prendre le fait pour le droit, défaut trop ordinaire de la plûpart des raiſonneurs, même des plus habiles. Ce préjugé n'eſt point une choſe inhérente à l'eſprit humain ; car l'homme n'eſt pas porté naturellement à ſe croire inférieur aux autres. Je ne ſache pas qu'il ait jamais exiſté de Nation qui, même après les plus grands ſervices rendus à l'Etat, ait délivré des Lettres de Nobleſſe à aucun de ſes Membres. Encore moins me perſuaderois - je qu'on pût trouver dans l'Hiſtoire l'exemple d'un ſeul Peuple qui jamais eût formé le projet inſenſé d'inſtituer un Ordre de Citoyens qui ne ſe cruſſent point égaux aux autres. C'eſt cependant ce qu'il faudroit ſuppoſer pour que le préjugé de la Nobleſſe fût légal : il faudroit un acte du pouvoir légiſlatif, & ce pouvoir n'eſt pas aſſez ennemi de ſes intérêts pour donner un ſemblable décret.

Je ne rappellerai point ici ce qu'on a dit de l'origine de la Nobleſſe parmi nous ; on ſçait que les Nobles furent d'abord des hommes à qui le Roi donna des Fiefs pour les récompenſer du ſervice militaire. Ils ne les eurent d'abord qu'à vie ; mais, par la ſuite, ces Fiefs étant devenus héréditaires, les familles qui les poſſédoient ſe trouvèrent naturellement diſtinguées des autres, & la Nation, ne coṅnoiſſant pas ſes droits, n'oſoit ni ne pouvoit reclamer contre une pareille innovation. Enfin, dans des tems plus modernes, nos Rois étant devenus abſolument deſpotes, un Gouvernemeńt qui faiſoit argent de tout, vendit la Nobleſſe à deniers comptans, quelquefois aux hommes les plus vils : la fureur de l'acheter devint une épidémie générale. Le ſuprême bonheur, la meſure de toute eſpéce d'ambition fût d'être riche & noble & le Peuple avili ſe vit, à la fois, opprimé, foulé, mépriſé par ces créatures du Deſpotiſme qui ne connoiſſoient d'autre Souverain que le Roi, ni d'autre Loi que ſa volonté. En vertu de leurs parchemins, ces modernes intrus s'emparèrent de toutes les places lucratives & honorables,

fi toute-fois il en eft quelqu'une qui
puiffe véritablement honorer dans
un pareil ordre de chofes; ils en
exclurent indignement les Plébéïens,
& finirent par fe regarder comme
compofant la Nation à eux feuls,
fans s'appercevoir qu'ils n'étoient que
les premiers efclaves du pouvoir
abfolu.

Ceux des Plébéïens à qui le befoin
de pourvoir à leur fubfiftance n'ôtoit
pas toute autre efpéce de fentiment,
fe voyant traités comme des Juifs,
ou plutôt comme des Négres, dans
leur propre Patrie, ne foupiroient
qu'après le Talifman, c'eft-à-dire
l'heureux parchemin qui devoit changer leur fort. Le refte, écrafé fous
le poids des Impôts & des exactions
de toute efpéce, ne cultivoit que
pour les claffes privilégiées, & mou-
roit de faim fur les champs arrofés
de fes fueurs & de fes larmes. De-là

l'extrême miſére d'un côté, de l'autre le luxe corrupteur , & par tout l'aviliſſement, la ſervitude, l'égoïſme..... Mais pourquoi m'appeſantir ſur un tableau qu'il eſt impoſſible de charger de couleurs trop ſombres ! Laiſſons à d'autres mains le ſoin de le tracer, & voyons s'il nous reſte encore quelque moyen d'échapper à tant de calamités.

Le Ciel a voulu qu'un Prince ennemi du Deſpotiſme, montât enfin ſur le Trône : par un autre bienfait de ſa Providence, il a placé près de lui le mieux intentioné de tous les Miniſtres. Louis XVI ſent la néceſſité de rendre à la Nation l'exercice du pouvoir légiſlatif. C'eſt la retirer du Tombeau; c'eſt rendre la vie à tout le Corps Politique; mais il s'agit de l'organiſer, ou plutôt il faut qu'il s'organiſe lui-même, & quelle conſtitution doit-on ſe pro-

mettre de tant de parties incohérentes ?

Le Clergé ne peut ni ne doit participer au pouvoir légiſlatif ; c'eſt
une vérité que je crois avoir démon-
trée : quant à la Nobleſſe, d'après
tout ce qui précéde, je n'ai pas
beſoin de dire qu'elle eſt abſolument
illégale, & contraire à tous les principes d'Aſſociation civile. J'ai répon-
du, plus loin, à l'objection de ceux
qui prétendent qu'elle eſt néceſſaire
dans une grande Monarchie. J'ai
fait voir que ce n'étoit qu'un ſophiſme
démenti par les faits & par le rai-
ſonnement ; car il ſeroit bien ſin-
gulier qu'une Inſtitution qui rompt
les premières conditions du Pacte
Social, pût jamais opérer le bien
d'aucune eſpéce de Société : auſſi,
comme je l'ai déjà fait obſerver, la
Nobleſſe ne doit point ſon exiſtence
à la Nation ; elle ne tient point ſes

Priviléges de la puiſſance légiſlative ; & ceux qui veulent nous la faire regarder comme conſtitutionelle, ſeroient ſans doute bien embarraſſés pour répondre à cette objection.

En confiant au Roi le pouvoir exécutif, la Nation ne peut remettre dans ſes mains le droit de punir, ſans lui confier également celui de récompenſer ; mais, puiſqu'il n'eſt que le dépoſitaire de ces droits, ſa volonté particulière ne doit entrer pour rien dans l'exercice de ces mêmes droits. Il ne peut les adminiſtrer que conformément à la volonté générale ; autrement il dépouilleroit la Nation de la puiſſance légiſlative, en s'arrogeant le droit de punir ou de récompenſer au gré de ſon caprice. Ce ne ſeroit plus la Nation qui puniroit ou qui récompenſeroit, par l'entremiſe du Monarque. Dès-lors plus de légitimité dans les peines ni dans les récompenſes ;

récompenfes : le Roi, dans leur di-
ftribution, ne doit donc pas fe permettre d'outre-paffer, encore moins
de contrarier la volonté générale.

Or la volonté générale eft fans
doute que le Roi récompenfe ceux
qui, par leurs fervices, ont bien
mérité de la Nation, mais non
pas ceux qui n'ont rien fait pour
elle. La volonté générale n'eft point
que ces récompenfes foient de nature à rompre l'égalité politique qui
doit régner parmi les Citoyens ; car
le vœu de la Nation n'eft probablement
pas que fes obligés deviennent fes
ennemis. La volonté générale n'eft
pas fans doute que les Miniftres faffent
un indigne trafic de priviléges & de
diftinctions ; & qu'à la faveur de cet
odieux monopole, il s'éléve dans l'Etat
un ordre de Citoyens qui prétende
faire une Claffe à part, & dont
les intérêts foient contraires à l'in-

I

térêt général. La volonté générale n'est pas, ne peut pas être, que cette Classe privilégiée s'empare exclusivement de toutes les places du pouvoir exécutif; car il est de l'intérêt de la Nation que, sans acception de personne, ces places soient remplies par les hommes les plus dignes; ce qui proscrit à jamais la Noblesse héréditaire & la vénalité des charges. Enfin, le Corps législatif est toujours le maître de réformer de pareils abus, parce qu'il a le pouvoir souverain, & que ses droits sont imprescriptibles.

Dans l'etat actuel des choses, les Nobles sont absolument les créatures du Roi. C'est, si l'on veut, une pépinière d'où, contre le vœu de la Nation, on tire les sujets qui remplissent les places distinguées des différentes branches du pouvoir exécutif. Places auxquelles tout le monde doit pouvoir aſpirer, à moins qu'on ne prétende qu'en donnant le privilége de la Noblesse, on donne auſſi celui d'avoir du mérite excluſivement à tout autre, ce qui, comme chacun le ſçait, ne s'accorde pas entièrement avec les faits, & devient de jour en jour plus que problématique.

Les Nobles en naiſſant & même avant que de naître, appartiennent donc au pouvoir exécutif. Ils ſont, pour ainſi dire, marqués de ſon ſceau : le Pouvoir les reconnoît pour ſiens ; &, à ce titre, je demande s'ils peuvent participer au pouvoir légiſlatif, & ſi tout ce que j'ai dit de la confuſion des deux pouvoirs ne s'applique pas naturellement à la Nobleſſe ?

A la vérité, les Nobles ſont ſuſceptibles de devenir Membres du Corps légiſlatif : ils n'en ſont pas eſſentiellement exclus comme les

Prêtres; mais, pour participer conſti-
tutionellement à l'autorité légiſlative, il faut qu'ils ceſſent de former
un ordre à part; qu'ils renoncent à
leurs Priviléges & à leurs diſtinctions;
qu'il ne ſoit plus queſtion de Nobleſſe
héréditaire, ou pour mieux dire, de
Nobleſſe, car ſoit perſonnelle, ſoit
héréditaire, l'idée que nous y atta-
chons étant la plus fauſſe & la plus
abſurde de toutes les idées, il faut
chercher d'autres moyens de récompenſer le mérite, & ne pas les pro-
ſtituer comme celui-ci.

D'ailleurs les récompenſes ne deviennent néceſſaires que dans les
pays où l'on ne connoit plus de
Patriotiſme. Cette paſſion énergique
ſuffit aux Etats bien conſtitués. Ils
n'ont pas beſoin des reſſources puéri-
les des Cordons ni des Croix. Le
bien public s'opère par le beſoin
que chacun ſent d'y contribuer : c'eſt

la première de toutes les paſſions :
elle eſt inépuiſable : quand on a pu
la ſatisfaire, on s'eſt procuré la plus
délicieuſe de toutes les jouiſſances :
loin de ſolliciter des récompenſes on
eſt prêt à rendre des actions de grâce.
Mais, dans les pays où manque ce
reſſort moteur, ce *ſtimulus* univerſel,
on fait pour l'Etat le moins qu'on
peut, & tout ce qu'on fait on le
regarde comme un ſacrifice. Alors,
pour faire aller la machine, ceux
qui ſe trouvent à la tête du Gouvernement, ſont obligés de s'adreſſer
à l'intérêt perſonel ; de lui préſenter
l'appas des récompenſes ; de cajoler
l'imbécille vanité par des décorations
enfantines. Qu'importe qu'ils ob-
tiennent par ces moyens quelques
ſervices intéreſſés ? Qu'ils parviennent
même à donner à l'Etat un appa-
rence de proſpérité ? Ces dehors
trompeurs couvrent ſans doute l'ab-

fence du fentiment généreux dont on croit pouvoir fe paſſer ; mais ils ne le remplacent jamais.

En effet, un Etat peut être floriſſant ſans être heureux ; cependant le bonheur eſt le but des Sociétés civiles, & ce bonheur ne peut s'obtenir que par le patriotiſme. Il ne ſuffit pas qu'on ſerve la Patrie ; pour que l'Etat ſoit heureux, il faut abſolument qu'on l'aime. C'eſt cet amour qui conſtitue la véritable proſpérité Nationale.

Comment cette vérité s'eſt-elle dérobée au Génie ſublime de Monteſquieu ? Comment n'a-t-il pas vu qu'en faiſant de l'honneur, le reſſort des Gouvernemens Monarchiques, c'étoit leur donner pour moteur, un ſentiment perſonnel, contraire à toute eſpéce d'aſſociation ? On ſeroit preſque tenté de croire qu'il a voulu faire une Epigramme contre ces

fortes de Gouvernemens; mais hélas!
en lifant fon immortel Ouvrage, on
ne s'apperçoit que trop, que l'homme
le moins fait pour avoir des préjugés, avoit tous ceux d'un Préfident
& d'un Gentilhomme.

Quel malheur qu'un auffi beau
génie foit toujours parti du fait pour
en conclure le droit? Il ne doutoit
pas fans doute de l'excellence du Patriotifme; mais, ne l'ayant obfervé
dans aucune Monarchie, il s'eft per-
fuadé que cette forme de Gouvernement ne le comportoit point. Si
cette opinion étoit fondée, on ne
pourroit pas faire de critique plus
amère de cette efpéce de Gouvernement; mais tout dépend de fon
organifation : conftituez-le comme il
doit l'être, & vous y verrez éclôre
toutes les vertus républicaines. Peut-
être même aura-t-il l'avantage de vous
offrir ces vertus patriotiques fans y

joindre les inconvéniens d'une ora-
geuse liberté.

Mais c'est bien inutilement qu'on
se promettroit un semblable résultat,
si l'on n'avoit l'attention, de fixer les
limites des deux pouvoirs, & de les
empêcher de se confondre; Si l'on
souffroit qu'un seul Citoyen pût participer à tous les deux, & si l'égalité n'étoit point rétablie entre les
Membres du Corps légiflatif. Tant
qu'on n'aura point rempli ces conditions, qu'on n'attende ni vertu ni
Patriotifme. Que faut-il cependant
pour opérer cette heureuse révolution parmi nous? Le vœu de la majorité. Qu'il est trifte de n'ofer l'ef-
pérer d'un Peuple fans énergie, eſſentiellement imprévoyant & courbé fous
l'empire de l'habitude & des préjugés ferviles! & qu'on ne s'imagine
pas que je ne parle ici que de ce
qu'on appelle fi improprement le

Tiers-Etat; je n'en excepte point cette Nobleſſe dédaigneuſe qui croit ſe dégrader en devenant Citoyenne, & qui ne devroit paroître à l'Aſſemblée Nationale que pour s'y purifier de ſes priviléges & de ſes diſtinctions.

Eſt-il donc impoſſible que les Nobles ſe diſent à eux-mêmes : « juſqu'ici » nous n'avons été que les premiers » eſclaves du Deſpotiſme dont nous » étions les créatures. Ce que nous » avons regardé comme des mar- » ques de gloire n'eſt que le ſigne » honteux de notre ſervitude. Mainte- » nant il ſe préſente un nouvel ordre » de choſes : nous pouvons aſpirer à » participer au pouvoir ſouverain ; » mais, ſi nous perſiſtons à former un » ordre à part, nous-nous priverons » de cette faculté qui nous eſt laiſſée. » Le pouvoir ſouverain réſide eſſen- » tiellement dans la pluralité ; &, puiſ- » que nous ne formons que la mino-

» rité, le pouvoir souverain ne peut
» nullement nous appartenir. Il ne
» nous reste donc d'autre moyen que
» celui de nous identifier au Corps
» qui en est le dépositaire. Préten-
» drions - nous être supérieurs aux
» Membres qui le composent ? Mais
» les Membres du pouvoir souverain
» peuvent-ils ne pas être égaux ? Si
» nous voulions qu'ils nous fussent in-
» férieurs, ce seroit en nous que ré-
» sideroit le pouvoir souverain, &
» la nature des choses s'y oppose. Si
» nous persistons à former un ordre
» à part, ils seront collectivement
» supérieurs à nous ; &, quoiqu'on
» nous laisse la liberté de voter,
» nous ne ferons pas, dans la réali-
» té, partie du pouvoir souverain.
» Nous aurions beau nous faire illu-
» sion ; une chose est, ou elle n'est pas.
» La réalité des choses est indépen-
» dante de nous. Un despote a beau

» s'arroger le pouvoir légiſlatif, ce
» qu'il ordonne n'eſt pas une Loi,
» parce qu'il ne tient pas à lui de
» ſe donner ce pouvoir, ni même
» de l'uſurper : tout ce qu'on peut
» dire de lui, c'eſt qu'il ſubſtitue ſa
» volonté particulière à la volonté
» générale, juſqu'à ce que la volonté
» générale puiſſe reprendre l'empire
» qu'elle n'eut jamais dû perdre ».

« Rien n'eſt plus ſolide que le
» vrai. Si, pour maintenir des privi-
» léges qui ne valent pas celui d'être
» Membre d'un Peuple libre, nous-
» nous oppoſons au bienfait d'une
» bonne Conſtitution, nous en ſerons
» nous-mêmes les premières victimes.
» Nous redeviendrons eſclaves tandis
» qu'il ne tenoit qu'à nous d'aſſeoir
» le pouvoir ſouverain ſur des bâſes
» inébranlables, & de nous aſſûrer
» le plus beau de tous les droits, la
» plus belle de tous les diſtinctions

» celle d'y participer d'une, manière
» effective. Nous étions fondés à garder
» nos priviléges quand le Prince de
» qui nous les tenions étoit tout &
» que la Nation n'étoit rien ; mais,
» puisque la Nation va renaître avec
» la suprême puissance , ce seroit
» méconnoître nos véritables intérêts
» que de vouloir être toujours ce
» que nous avons été, lorsqu'il nous
» est possible de nous identifier avec
» elle. Si, par une obstination mal
» entendue, nous continuons à former
» un ordre à part, il en résultera
» deux choses : ou le pouvoir souve-
» rain ne nous reconnoîtra pas pour
» siens; ou nous étoufferons ce pou-
» voir en substituant notre volonté
» particulière à la volonté générale :
» si le pouvoir souverain ne nous
» reconnoît pas pour siens ; nous
» serons au-dessous de tous les Ci-
» toyens qui participeront à ce pou-

» voir : si nous l'étouffons, notre vo-
» lonté ne pouvant jamais le rem-
» placer , le Despotisme pésera de
» nouveau sur nous; en partageant
» l'autorité nous pouvions devenir
» maîtres; &, pour avoir voulu nous
» l'approprier exclusivement , nous
» n'aurons fait autre chose que con-
» firmer notre esclavage ».

« Ne devrions-nous pas être las
» du tourment de mépriser & d'être
» méprisés ? admettre l'égalité civile,
» n'est-ce pas mettre notre cœur à
» son aise ? N'est-ce pas lui rendre le
» libre exercice de ses affections ?
» N'est-ce pas nous débarrasser nous-
» mêmes de pénibles entraves? Serons-
» nous moins grands lorsque toute
» la Nation sera grande ? L'avilissement
» de nos semblables n'entraîne-t-il
» pas nécessairement le nôtre ? Enfin
» les jouissances de l'orgueil & de la
» vanité ; si toutefois on peut les ap-

» peller des jouïſſances, valent-elles
» celles du Patriotiſme » ?

Telle eſt ſans doute la manière
dont les Nobles devroient raiſonner ;
mais, pour les amener à penſer de la
ſorte, ne faudroit-il pas changer le
ſyſtême total de leurs idées ? Qu'on
examine tout ce qu'ils ont fait, &
tout ce qu'ils ont dit juſqu'à préſent,
ſi l'on en excepte un bien petit nombre, n'y reconnoîtra-t-on pas des eſ-
prits enchevêtrés dans l'ignorance,
& dominés par tous les préjugés des
tems les plus barbares ? Certes je
crois qu'on a grand tort de ſe fâcher
contre eux, & qu'ils ſont réellement
plus dignes de pitié que de colère.

Mais comment ne pas s'indigner
de la manière plus qu'indécente dont
ils s'expriment ſur la Claſſe nombreuſe de Citoyens qui, collectivement, eſt faite pour leur comman-
der le reſpect & la ſoumiſſion ? N'eſt-

il pas bien singulier qu'ils veuillent se rendre les arbitres des droits de ce qu'ils appellent le *Tiers-Etat* ou le Peuple, c'est à-dire de vingt-trois millions d'hommes, en un mot, de la Nation ; car le temps est venu de ne plus ménager les termes ? *Que le Tiers-Etat , disent-ils , nous présente ses Pétitions , & peut-être nous y accéderons* (1). Des Pétitions ?... A vous !... A vous, qui n'êtes que des Etrangers dans l'Etat , si l'Ordre que vous dédaignez refuse de vous admettre dans son sein ! Des Pétitions ! La Nation assemblée seroit tenue de vous présenter des Pétitions ! A quel propos, je vous prie ? Qu'a-t-elle à vous demander ! N'est elle pas la maîtresse d'ordonner ce qui lui plaît ? Et si vous croyez qu'il soit indigne de vous de faire Corps avec elle, de quel

____

(1) *Rapport de M. Necker*, pag. 11.

droit prétendriez-vous la réduire à vous présenter des Pétitions ? Quel seroit le motif de cette incroyable prostitution de la puissance Souveraine ? Si jadis vous eutes l'impertinence d'exiger que la Nation se prosternât devant vous, pensez-vous qu'aujourd'hui qu'elle connoît ses droits, elle s'oublie & se manque à elle-même, au point de vous adresser des Pétitions ?

 On voit bien que vous ne connoissez ni les droits des Hommes, ni ceux des Sociétés, vous qui prétendez que les autres *sont dépourvus de connoissances & d'études.* Si quelque chose est héréditaire parmi vous, c'est, à coup sûr, l'ignorance & l'ineptie ; mais cette singularité ne doit pas étonner ceux qui vous observent ; car, en prenant une fausse position, vous-vous êtes condamnés à n'avoir que des idées fausses. C'est être assez

punis

punis de votre défertion ; & , fans
doute , vous feriez trop malheureux
fi vous aviez la confcience de votre
nullité.

Que ceux que leur vocation appelle à éclairer l'Opinion publique ,
s'attachent fur-tout à verfer fur vous
des torrens de lumière ; car un foible
jour ne briferoit jamais les ténébres
épaiffes qui vous environnent. Peut-
être, à force de foins & de conftance ,
parviendront-ils à vous rendre le fer-
vice de vous faire voir les objets tels
qu'ils font : s'ils ont le bonheur d'y
réuffir , vous fçaurez comment on
doit caractérifer votre défection de
la caufe commune ; vous apprendrez
à connoître la valeur du mot , *Citoyen* : enfin vous ne répéterez plus
toutes les abfurdités que vous débitez
maintenant , ou que vous faites
débiter.

Mais, foit aveuglement, foit mau-
vaife-foi de votre part , la Nation

ni le Monarque ne peuvent ni ne doivent les favoriser. Leur intérêt commun veut impérieusement qu'il n'existe plus aucune trace de l'oligarchie féodale. La Nation vous invite à quitter vos priviléges & vos distinctions, pour participer à l'autorité Souveraine; ce partage est assez beau pour que vous puissiez vous en contenter. Cette Nation que vous avez l'insolence de mépriser, au moment ou son Roi lui rend l'exercice du pouvoir Souverain; cette Nation, dis-je, ne souffrira pas que vous rendiez illusoire ce bienfait du Monarque, en formant un Ordre à part, & vous permettant néanmoins de voter avec elle. Non, elle ne le souffrira pas; car, dans cette supposition, le vœu de votre intérêt pourroit l'emporter sur le sien; la sublime intention du Roi seroit trompée : il se seroit flatté d'affranchir la Nation, & vous la plongeriez dans les fers.

Ce n'eſt pas tout : ce Roi tant de fois égaré par vos lâches adulations ; ce Roi vraiment devenu l'idole & l'amour de ſon Peuple , depuis qu'il a formé cette réſolution généreuſe ; en interceptant la volonté Nationale , vous le privériez de ſa propriété la plus ſacrée. Il croiroit être le dépoſitaire du vœu de ſon Peuple ; il ne le ſeroit que de celui de vos ſordides intérêts. Par cette fraude impie , vous le rendriez le miniſtre de vos paſſions , le premier eſclave de votre tyrannie ; ah ! ſi telle doit être la récompenſe de la pureté de ſes intentions, qu'il régne deſpotiquement par lui - même ! La bonté de ſon cœur s'eſt manifeſtée ; que cette bonté ſeule faſſe les deſtinées de la Nation ; qu'elle nous préſerve de cette ſourde ariſtocratie qui combleroit notre miſère & notre aviliſſement ! Et n'eſt-ce pas pour établir ce ſyſtême oppreſſeur , qu'ils ont

eu le front de demander qu'aux Etats-
Généraux, on délibérât par Ordre &
non par tête ? N'est-ce pas pour en-
chaîner le vœu du Peuple ? pour
l'étouffer à la faveur d'un indigne
veto ?

Quoi ! la Nation, vingt-trois millions d'hommes pourroient souffrir
que leur volonté collectivement souveraine, fut enchaînée par quelques
individus ! que ces individus eussent
l'insolence de dire : « Ce que vous
» voulez ne sera pas , parce que
» nous ne le voulons point ». Mais,
dites-moi , vous que la seule prétention à ce *veto* rend déjà criminels,
avez-vous même le droit d'avoir une
volonté ? La volonté générale n'est-
elle pas la vôtre ? Si vous voulez
avoir des volontés particulières ,
sortez de l'Association : que la France
vous cède une de ses Provinces ; ras-
semblez vous y tous ; formez un Etat
séparé , où il vous sera libre d'être

ce que vous voudrez. Mais refter parmi nous, & former un Ordre
à part ! c'eft ce que la Nation ne
peut ni ne doit fouffrir : fi vous ofiez
perfifter dans cette refolution, elle
auroit le droit de vous traiter comme
des rebelles. Que parlez-vous d'infubordination , lorfque c'eft vous qui
levez l'étendard de la révolte ; lorfque vos prétentions , vos titres , vos
priviléges font une infubordination
toujours exiftante , un attentat continuel contre les droits de la Societé.

Eh ! fi le Peuple eft fans courage ,
fans vertu , fans énergie , n'eft-ce pas
vous qui l'avez corrompu ? N'êtes-
vous pas les auteurs de fon aviliffement ? En reprenant toute fa dignité,
pourra-t-il vous remettre le crime
inexpiable de fa longue dégradation?
Pourra-t-il, en rentrant dans l'exercice de fes droits , vous pardonner
des ufurpations que vous ofez défendre encore ? Etes-vous donc morts:

à tout sentiment généreux , à toute affection Patriotique ; & , lorsqu'une grande Nation s'apprête à recevoir le bienfait de la liberté , vous verra-t-on pleurer lâchement fur les débris de vos préjugés ferviles ? Qu'attendez-vous de tous vos efforts pour empêcher cette révolution ? Ignorez-vous qu'il fuffit d'en laiffer le foin à l'Opinion publique ? Que tôt ou tard cette puiffance irréfiftible nous fera juftice de vous & de vos prétentions ? Voyez les préjugés qu'elle a détruits ; & , fi vous l'ofez , comptez fur les vôtres....

Certes ce feroit vous abufer étrangement que de croire que vous pourrez les faire refpecter quand on ne les refpectera plus. Si l'amour-propre ne vous aveugle pas , vous devez commencer à vous appercevoir qu'ils n'infpirent que du mépris , que tous vos foins , pour les remettre en vigueur , ne tendent qu'à précipiter leur chute : oui le coup mortel eft porté. L'homme eft affranchi pour toujours dans la plus noble partie de lui-même : la force & la néceffité pourront le contraindre à courber fa tête ; mais fon cœur ne fe courbera plus.

Eh quoi ! tandis que nos voix s'élévent en faveur du Malheureux que la violence enchaîne fur les bords Africains ; tandis que des affociations fe forment en Europe pour brifer les fers que l'avarice & l'inhumanité forgent dans un autre hémifphère, nous ferions nous-mêmes efclaves dans nos propres foyers ! avec la connoiffance parfaite de nos droits imprefcriptibles , nous nous laifferions honteufement dégrader fous le joug flétriffant de la fervitude morale ! vingt-trois millions d'hommes fouffriroient que quelques individus, affez vils pour fe féparer de la caufe commune, enchaînaffent leur volonté

collectivement souveraine ! non, j'ose
l'espérer, en terminant cet Ecrit,
cette Nation, si long-temps avilie,
n'aura pas perdu sans retour le sentiment de sa dignité. Qu'aura-t-on
besoin de titres & de distinctions,
lorsqu'être né François sera le plus
beau de tous les titres ? Lorsque le
droit de participer à la puissance lé-
gislative remplira toutes les vues de
l'ambition ? Qu'aura-t-on besoin des
jouissances, de l'orgueil & de la vanité, lorsque le sentiment profond
du Patriotisme absorbera toutes les
affections de l'Homme & du Citoyen ?
France ! songe que tu n'as qu'à vouloir, & que tu deviendras la première
Nation de l'Univers ! Ne conspire
pas toi-même contre ta gloire & ta
prospérité futures.

Et toi, suprême dépositaire de la
volonté Nationale ! si tu veux être un
jour le plus grand de tous les Monarques, souviens-toi que l'accom-

pliffement de tes hautes deftinées dépend du bonheur inappréciable de
connoître le vœu de ton Peuple; & de
ta fidélité religieufe à le faire exécuter
dans les différentes branches du pouvoir qui t'eft confié. C'eft, fans doute,
ce que n'aura pas manqué de te dire
ce Génie tutélaire, ce digne Miniftre,
dont l'heureux choix doit faire à jamais la gloire de ton Régne; cependant ne dédaigne pas la voix d'un
Ecrivain obfcur, qui n'a nul intérêt
à te déguifer la Vérité.

Né dans tes Etats, je n'ai ni rang,
ni titre, ni propriété, ni fortune : je
fais partie de cette Claffe nombreufe
de tes Sujets, qu'on te repréfente
comme ne devant compter pour rien
dans l'Ordre Politique, parce qu'ils
ne poffédent rien. Eh bien ! il me fuffit de me refter à moi-même, pour
être content de mon fort. Je n'aurai
fans doute jamais l'avantage d'appro-
cher de ta Perfonne augufte; mais

ta bienveillance m'appelleroit maintenant auprès d'Elle , que je n'aurois
perfonnellement aucune grâce à lui
demander. Ne fois donc pas étonné
fi je te parle avec toute la franchife
d'un homme libre : tu pourras du
moins m'en croire lorfque je te dirai
qu'on t'aime. C'eft ce que t'ont déjà
répété bien des fois les Courtifans
adulateurs qui t'environnent. Mais
qu'en fçavent-ils , ces êtres or-
gueilleux & vains , qui craindroient
de fe compromettre en communi-
quant avec le Peuple ? Peux-tu les
croire , lors même qu'ils te difent la
Vérité ?

Qu'ils ceffent, ces hommes fans pu-
deur , qu'ils ceffent de te circonfcrire
dans leur étroite enceinte. Que ta Cour
n'ait d'autres limites que celles de la
France ! Que tous les Français deviennent tes Courtifans ; non dans
l'acception odieufe que font parvenus à donner à ce mot, ceux qui

se sont arrogé le droit de s'en qua-
lifier exclusivement ; mais par le
rapport intime qui doit exister entr'un
grand Monarque, & des sujets dignes
de l'avoir pour Roi. Montre-leur
que tu ne veux plus régner sur une
Nation avilie par d'injustes préfé-
rences. Ne diroit-on pas que ta bienveillance & ton amour sont l'exclu-
sive propriété de quelques individus ?
Et, puisque nous t'aimons tous également, pourquoi ne nous aimerois-
tu pas ? Pourquoi ne nous en don neroistu pas les mêmes preuves ? Ont-ils
mis au nombre de leurs privi ges,
de te condamner à une injuste ré-
dilection ?

C'est sans doute ce qu'ils veule t
dire, lorsqu'ils prétendent que, san
eux, l'État deviendroit démocratique,
comme si le sort de la Monarchie
tenoit à leur existence impolitique.
Ah ! si tu marches d'un pas ferme
& sûr dans la route que tu t'es tra-

cée; tu n'as à craindre de la part de ton Peuple, qu'un excès d'idolâtrie; un amour exalté qui ne connoîtra plus de bornes. Il faudra que ta propre fageſſe le fauve encore de fon imprévoyance; de ce généreux abandon qui, fous des fucceſſeurs indignes de toi, pourroit être fi funeſte à nos defcendans.

Voilà le feul danger qu'on ne t'ait pas encore fait envifager, & contre lequel il eſt cependant néceſſaire de prémunir ton cœur vraîment royal, afin que ta fenfibilité fe prépare à remporter peut-être la plus difficile de toutes les victoires; celle de refufer le pouvoir abfolu, par amour pour un Peuple qui l'offre à fon Roi, par un excès d'amour.

M. DCC. LXXXIX.

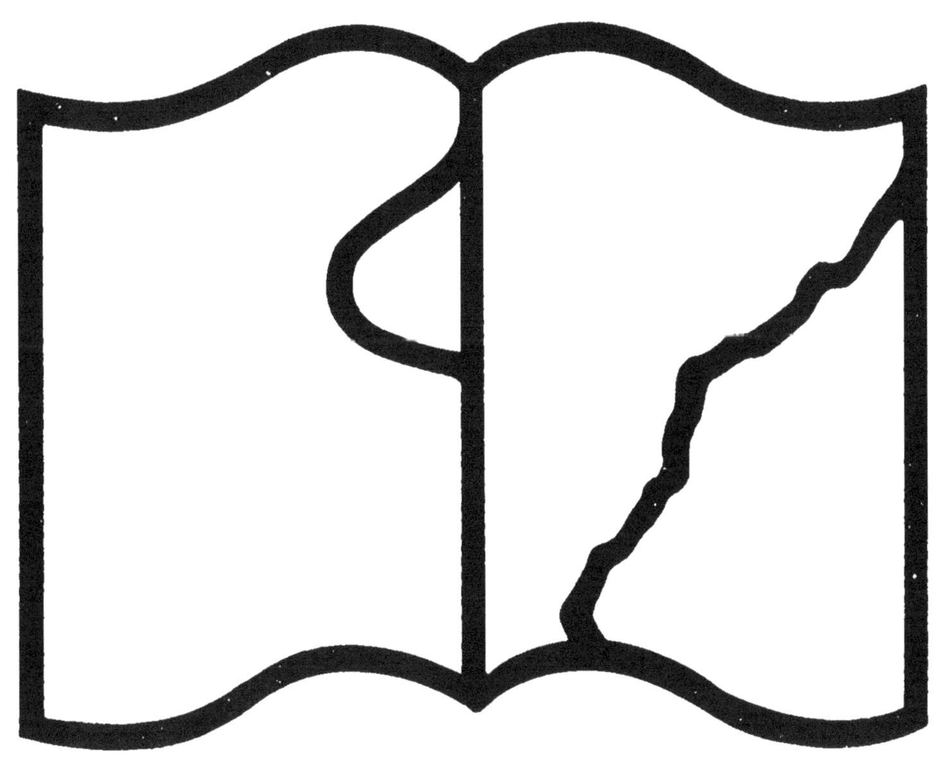

Texte détérioré — reliure défectueuse

NF Z 43-120-11